獨立，不等於
跟愛情誓不兩立！

「葳老闆」周品均的 30 道戀愛辣雞湯

周品均 —— 著

目　錄

CONTENTS

Part I

關於心態

· · · · · ·

Part II

關於互動
· · · · · ·

目　錄

CONTENTS

Part III

關於磨合
∙ ∙ ∙ ∙ ∙ ∙

Part IV

關於婚姻

. . . . . .

PART 1

關於 心態

01 ————

太獨立的女生沒人追？
教妳剛剛好的獨立！

「女生如果太獨立，男生就會不喜歡！」

「很獨立的女生，應該不需要談戀愛吧？」

「獨立真的對女生不加分，到最後都會被甩！」

以上是每次看到，都會覺得很荒謬的言論，

但為什麼仍有這麼多人深信不疑呢？

＃到底為什麼要獨立？

首先，我們必須了解：每個人都應該是獨立的個體。

男性從小就被教育要獨立，才能在社會上立足，

而女性可能卻被教育，不要太獨立，才有男人喜歡妳？

從這裡我們就可以看出，社會對男女期待的不同，

男人應該獨立自主，而女人只要討男人喜歡就好了。

為什麼男人的獨立很重要，女人只要想辦法依靠男人就好呢？

看到這裡，我想有些人應該恍然大悟了。

從小在父權社會長大的我們，可能從沒懷疑過，

其實某些錯誤的框架與價值觀，

是需要我們自己去突破的，否則就會深深控制你一生。

無論你是男生女生，

如果你也不認同「女人要能取悅男人才有價值」，

那麼再回頭看看一開始那三句話，應該就很明白，

這些荒謬的言論是建立在，

「女人必須以被男人喜歡為最高宗旨」的定義之下。

#看似有道理，其實很荒謬

「女生如果太獨立，男生就會不喜歡！」

所以只要能討男生喜歡，女生就應該放棄自我獨立，

然後去承擔不獨立可能帶來的所有風險？

把自己一生的幸福押在一個男人身上，

那妳可得保證這個人能靠一輩子、有良心且永不變心！

老實說，這可是比妳做到自我獨立還要難多了唷。

事實上，男生真的不喜歡獨立的女生嗎？

我一點也不覺得，後面告訴妳。

「很獨立的女生，應該不需要談戀愛吧？」

一個人的獨立，跟談不談戀愛有什麼違和？

為什麼不獨立才需要去談戀愛呢？

又為什麼獨立就不需要談戀愛呢？

真的是什麼跟什麼呀？邏輯根本不通耶。

不獨立才要談戀愛？那這是談戀愛，還是找工具人？

「獨立真的對女生不加分，到最後還是被甩！」

獨立自主是每個人都應該做到的基本，

跟談一場戀愛會不會分手完全無關，

難道不獨立的女生，戀情就全部順利美滿？有嗎？

怎麼不想想我們身邊那些不獨立的女生，

戀愛或婚姻失敗時，整個人的生活就陷入愁雲慘霧？

而本來就獨立的女生，卻能較快走出低潮，甚至活得更美好？

真心希望，這些看似很有道理，其實一秒就能戳破的謬論，
以後可以不要再被人們掛在嘴邊了。

看到這裡也許你會說，好，明白了，
女人的價值與成功，確實不應該被定義在「討男人喜歡」，
一個人的獨立與否，也本來就不該跟「感情一定會順利」掛鉤。

但是，有不少女生確實經歷過：
「男友覺得我太獨立而感受不到被需要，
最後他換了個依賴他的女友」，
關於獨立，而在一段感情裡造成的不順利，又該怎麼解呢？

#獨立造成感情不順利？

遇過這情況的女生，建議妳回想一下，妳是不是覺得：
獨立＝不要黏他、不要撒嬌、不要表達在意、不要表達吃醋，
如果介意他什麼事情也不要說出來，
就算很想見他、想要他陪，也不要說出來，

不要展露太多情緒，

不要依賴對方，更不要去干涉對方的生活，

這樣才是獨立成熟的女生。

我的天啊，這是在跟木頭人談戀愛吧？

難怪他說感受不到被需要！

這已經快要感受不到妳的存在了吧？

要這樣的話，到底幹嘛談戀愛呀？

這不是獨立耶，這是《一ㄥ到爆炸，卻誤解成這樣就是獨立。

獨立女子＝沒情緒的木頭人？什麼時候這些東西等於獨立了？

我反而覺得，會誤解獨立，裝出自己很不需要對方的樣子，

是心靈不成熟也很缺乏安全感的一種展現，

跟真正的獨立根本就無關！

如果他因為這樣跟妳分手，真的只是剛好而已，

因為誰要跟「等於快不存在的無聊女友」談戀愛？

他只不過是換了下一個「很正常、很一般的女友」，

妳又解讀成「他換了一個會依賴他的女生」，

而把問題推給「因為我太獨立，他才不喜歡我」。

其實，人家不過是想要一個普通的人類女友，

誰叫妳把獨立執行得像死板的機器人啊！

#妳對獨立有多深的誤解？

還有女生覺得：

獨立＝不要讓他等、不要讓他請，

不要讓他接送、不要讓他送禮，

反正無論開車、扛東西、搬重物，都應該自己來，

不要接受別人的幫忙，

這些都應該獨自做到，不能依靠對方任何事，才是獨立。

其實還是一樣的問題：

妳凡事都要做到這麼極端，到底是為什麼？

妳只是想證明「自己很獨立，所以完全不需要別人協助」？

一旦感情失敗，又想跳到另一個極端：

「是不是凡事都要依賴對方、表現得很弱小，他才會喜歡我？」

有沒有想過，問題出在自己的「極端跟缺乏彈性」呢？

妳需要學習的，是「不要誤解獨立」啊！

＃什麼是剛剛好的獨立？

當個獨立女生，不代表不能和他相互依賴。

我自己會開車，不代表我就不能接受你開車來接我，
禮物我自己買得起，但是你送我，我還是覺得好開心，
我獨處時很自在，但我偶爾也想跟你黏在一起，
因為我喜歡這種感覺。

我喜歡你，所以我可能會撒嬌，也會想主動摸摸你、撩撩你，
你要是跟別的女生沒拿捏好距離，我當然也會吃醋啊！
喜歡一個人本來就會產生佔有慾，我裝什麼大方呀我？

表現出這些對你的喜歡與在意，
我不怕你覺得「我是不是太喜歡你了、沒有你就會死」，
因為我確實沒有你不會死，我有什麼好怕被誤解的？
就是那些沒男友不行的人才會裝，因為她們太怕被發現了。
我不吝於表現出我對你的喜歡，我希望你也能這麼喜歡我。

把獨立執行得太極端的人，過度收斂自己的情緒，

害怕「表現出喜歡對方的行為」，瘋狂地ㄍㄧㄥ住，

當然會讓對方覺得，妳好像不喜歡、不需要他呀！

這不就是妳表現出來的樣子嗎？

別再誤解獨立了，妳表現出來的並不是獨立，

而是「不需要他、也不需要談戀愛」的感覺罷了，

那愛情當然就會離妳遠去，試著做到「剛剛好的獨立」吧！

🌶 戀愛辣雞湯 ────

感情不順利，並不是因為妳很獨立，

而是因為妳很無趣！

獨立才不是裝大方、壓抑情緒！

妳需要的是做到：剛剛好的獨立。

02

誰說一定要二選一？
愛情、麵包，我都要！

「女生幹嘛讓自己那麼辛苦啦？」
妳曾經因為追求自己的事業成就，
而被這句話打了一巴掌嗎？

「女生的工作不重要啦，嫁得好不好比較實際。」
聽著聽著，妳可能會不小心懷疑自我：
我讓自己這麼辛苦，是不是很傻？

再看到某些結了婚就不用工作，
不必承受職場壓力、經濟壓力的女生，
心裡或多或少，還真的是有那麼一點羨慕？

#愛情與麵包，分開來思考

其實，剛剛那些說法都是在建議女生「拿愛情去換麵包」，
就不用這麼辛苦了，妳看得出來嗎？

如果妳自己沒有想透，很容易就會以為：
「對耶，我幹嘛這麼辛苦？」
然後就把愛情與麵包混在一起了。
但我一直都覺得，愛情與麵包，是一定要分開的兩件事。

妳肯定也聽過，「女人找個男人依靠，一生才有避風港」，
但那是因為舊時代的女人，
終其一生不具備與男人同樣的知識水平，
可能難以自己賺取麵包，因而必須「找個男人依靠」，
於是她們的愛情＝婚姻＝長期飯票。

萬一她們選擇的男人有問題，這些女人的人生也跟著完了，
妳肯定可以在自己的阿祖、奶奶、外婆，
甚至阿姨、媽媽這一代，
聽到不少「男人靠不住而導致全家淒慘」的故事，

因為全家的一切，全都押在一個男人身上。

男人是妳的避風港？搞不好妳一生最大的風浪就是他！

現代女人，別再拿愛情去換麵包了，

一定要經濟獨立，絕對不要把愛情當飯票，麵包自己賺就有啊。

妳的能力、存款、資產、保險才會是妳人生最大的保障，

妳才是自己最大的依靠。

#放棄自己的麵包，拿他的就好？

無論妳和男友現在多相愛，無論對方的經濟能力有多好，

都不要輕易放棄自己的經濟獨立。

除非妳是含著金湯匙出生的豪門千金，娘家超級可靠，

出生就已經經濟獨立、財富自由，

如果妳不是，那麼掌握好自己的經濟自主權，

就非常重要啊！

千萬不要以為嫁給有錢男人，

好好依賴他，一輩子就舒服了，

有些風險可能是妳沒想過的。

放棄經濟獨立，讓他養妳，妳可能會失去什麼？

妳可能會失去「尊嚴」，拿他的、花他的，

哪天他給妳臉色看、帶新歡回家，妳都只能忍，

因為妳已經失去謀生能力，離開他要怎麼活？

妳可能會失去「自由」，很多事情妳再也無法決定，

想做什麼、想買什麼都得看人臉色，等人給予。

妳可能還會失去「愛情的選擇」，他或許不是最吸引妳的人，

跟他在一起只是因為他最有錢，或者他願意養妳，

妳想的都是麵包，才不是愛情，

哪天妳厭惡他了，妳也只能忍，因為他是妳的長期飯票。

經濟上不依靠男人，什麼都要自己努力、自己賺，當然辛苦！

但我有尊嚴、有自由、有愛情，要怎麼花錢不用看別人臉色。

什麼都有人買給妳，看起來很爽，其實妳只是辛苦在別的地方。

兩個人意見不合時，妳可能會敢怒不敢言，連吵架都不敢大聲，
想買任何東西或規劃旅行，都得等對方點頭，
萬一他出軌，妳不敢決裂，只好睜一隻眼閉一隻眼。

萬一他變心，是妳要滾出去，
萬一離婚，妳沒錢爭小孩的監護權，
萬一他把小孩丟給妳，妳根本養不起。

想到這些，我覺得辛苦死了！我才不要。
那些叫妳只要找到長期飯票就有保障的人，都沒告訴妳這些。

比起這些辛苦，自己賺錢的辛苦根本不算什麼，
我要尊嚴，我要自由，我要愛情的選擇權，我要自己就有錢！

＃謝謝你願意養我，但我不需要

「我養妳就好」、「妳就不用那麼辛苦了」，
看似甜蜜，其實正是女人一生中最大的毒蘋果。

我不否定這兩句話的真心誠意，

畢竟這個社會也給予了男生某些框架，

讓他們以為要這樣做才是有肩膀的男人，

或以為要這樣說才能表達愛、才能表示他們對未來負責的決心。

哎，什麼年代了，我才不要你負責我的未來，

謝謝你願意養我，但不代表我要接受。

為了不讓我們的關係變成可怕的樣子，我不要讓你養。

我想要有自己的收入，我不想放棄我的經濟自主，

擁有事業的舞台並且知道自己的價值，會讓我更有自信，

保持和外界的接觸，也能讓我不會跟這個社會脫節。

不讓你養，表示我想花自己的錢對自己好的時候，

不需要等你同意或被你干涉。

不讓你養，我會比較快樂，

不讓你養，才是對我自己最好的保障。

不讓你養，哪天萬一你失業了，你還有我啊！

人生偶爾總有意外與困難，

我不想失去可以互相扶持的關係，所以我不要讓你養。

我們的經濟各自獨立，但也能互相依靠、並肩而行，

這才是我想要的長期關係。

下次再有人跟妳說：「女生幹嘛那麼辛苦啦？」

妳只要笑笑地回答：「無論男人女人，誰上班不辛苦啦？」

大家都很辛苦，但要讓自己的辛苦值得。

麵包和愛情不用二選一，但可以有先後順序：

先用麵包照顧好自己，再去談不是因為麵包的愛情。

請告訴自己：對，我就是貪心，愛情與麵包我都要！

🌶 戀愛辣雞湯 ─────

愛情換來的麵包，能吃多久我不知道。

我會先用麵包照顧好自己，再去談不是因為麵包的愛情！

03

約會應該男生付，還是AA制？

兩個人出去約會，到底誰要付錢？

這好像是個網路上永遠吵不完的議題。

有人覺得應該男生付，要追女生就不要怕付錢，

有人覺得什麼年代了，AA制比較公平，到底該怎麼做才好呢？

說說我是怎麼想的吧！

#約會初期，
我有我的原則

剛開始約會，我不會約在高級餐廳，

約在一般的咖啡廳，一個人頂多就是幾百塊，

我喜歡各付各的或平均分攤，就算男生堅持他買單，

讓他付這幾百塊也不會太不好意思。

雖然很多男生都覺得買單是一種風度，

不過我會說：「這餐讓你請，那等一下看電影換我出吧！」

即便他很樂意出錢，我還是不會把對方的付出當作理所當然。

有些人會鬧得不開心，就是因為女生約會初期就「全都拿」，

不管多貴的餐廳、多貴的禮物都照單全收，沒在客氣的，

但最後又沒有要跟對方在一起，男生心有不甘，就爆發糾紛了。

妳覺得那是他追求女生的成本，沒追到怎麼能生氣？

但他可能覺得，要是不給追，幹嘛害我花那麼多錢？

剛開始約會，本來就還在探索彼此之間的感覺，

最後沒有交往很正常，所以我會在這個時期，

掌握好「不要過度給對方希望、更不要欠對方什麼」的原則。

付點錢真的事小，但我的自由無價，

不然我們平常那麼辛苦賺錢幹嘛？

#開始交往後

有些女生說，但我男友就堅持都由他付就可以了，
那也沒關係，即便你們習慣了由男生付錢的相處模式，
偶爾妳還是可以主動請客呀！那是一種心意的表達。

例如你們出去玩，所有吃喝玩樂的花費都是他出，
那妳要不要出一頓晚餐錢呢？
我會說：「我也想請你吃飯啊，不可以嗎？」（笑）

#大人感的AA制

如果妳是喜歡AA制的女生，也要做得漂亮一點。
很多女生執行AA制的時候太死板了，
堅持每一筆消費除以二，並且還要算到個位數。

建議妳可以在結帳前，兩人還在座位上就拿出自己的金額，
「這是我的部分先給你，那待會讓你結帳好嗎？」

妳應該知道自己點的東西是多少錢，

就直接拿給對方，大方一點，尾數多一點也沒關係，
例如 $620 就給對方整數 $700 不用找了。

如果餐廳需要10%服務費也請自己先加上去，
不要什麼都要死板板地除以二，
然後還精算到個位數的零錢，還得找來找去的。

就算對方不收，堅持要由他來付，至少你們還在座位上，
不要在結帳櫃檯前面推來推去，多尷尬呀，
拜託都先喬好再去結帳啦。

想要AA制的女生，遇到堅持要付錢的男生，
也不需要非得當場跟對方堅持：
「不行！我是AA制的女生，
　我真的不會讓男生幫我付錢！一定要給你！」

我會說：「這餐既然讓你請客了，
等一下換我請你喝飲料吧！」
大家都舒服開心，不要有什麼壓力，
這才是「大人感的AA制」。

女生當然可以有自己的原則，但執行時要靈活一點，

不用直接開口說：「我不喜歡讓男生幫我付」，

妳內心的原則不用硬梆梆地直接拿出來說，

而是要用點溝通的技巧，柔軟地去實踐。

誰出錢、用什麼機制，兩個人開心就好，

但只要有一方不開心，我建議就直接拿出來溝通，

因為這表示你們的價值觀不一樣，

就算真的不合，為此分手也不遺憾。

男生沒付錢就是沒有心？
　就是不夠愛妳？

有時候會聽到女生說，男生不付錢就是沒有心，

就是不願意為這段感情付出，就是不夠愛，才會這樣。

如果他夠喜歡妳，他就會願意付，不會小氣巴拉的。

用付錢來判斷一個男生愛不愛？

我覺得要判斷他愛不愛自己，明明有其他很多方式，

為什麼女生不願意自己用心去感受對方是否真誠，

而要綁定於他有沒有付錢？

如果男生得用付錢證明他愛妳，那妳怎麼不做一樣的事呢？

妳也願意用付錢來證明妳愛他嗎？

如果妳覺得自己愛不愛，不是用付錢來評斷的，

那妳是不是在雙標？

#女生出錢是吃虧？
那女生出了什麼？

有人會說，跟男生出去約會，女生還要自己付錢很吃虧。

我一直覺得這個邏輯很怪，吃虧什麼？

妳覺得自己「已經出了什麼，所以不能再出錢」嗎？

是已經出了妳的「費心打扮、約會花的時間或身體」嗎？

所以他付錢，就可以買下妳的付出與約會時間？

這樣的邏輯哪裡怪，大家就自己想啦。

#誠實面對自己，
找到妳想要的人

誰該出錢，沒有標準答案，不是誰對誰錯的問題，

如果妳就是覺得女生不應該出錢，那也沒有關係。

我建議：想要怎麼樣的對象，就請去找「真心願意這樣」的人，

雙方都同意，大家都開心。

千萬不要以愛為名，然後逼對方做他不願意做的事情，

例如不少女生可能會這樣以為：

「人家都說不想付錢就是不夠愛」、「你愛我就會願意付錢」，

「跟女生斤斤計較的男生就是根本不愛妳」，

「出錢都不願意還說愛？」

這幾句話是不是聽起來很熟悉呢？但這真的是真理嗎？

男生也不必被這些言論綁架，更不必裝大方，

如果你真的覺得，不是非得什麼都男生付錢，

那麼乾脆大家都一開始就做自己吧！

建議女生若想找會出錢的男生，就不要一開始假裝要AA，
他真的讓妳分攤了，回到家妳又不開心、覺得他小氣。

妳的行為和妳想要的生活應該是一致的，不要口是心非，
才能找到真正適合妳的理想伴侶。

戀愛辣雞湯

如果男生付錢才是真的愛，那妳怎麼證明妳的愛？

分攤付錢或請客只是小事，我的思想獨立才是大事。

04 ────

談戀愛總是失去自我，
如何不被沖昏頭？

很多女生一談戀愛就昏了頭，完全放棄自己，

生活的重心只剩下男友、整天繞著他打轉，

如果哪天失去對方，就痛苦到像要活不下去。

其實妳痛的不只是失去對方，而是自己的生活全空了，

不知道怎麼獨處，也不知道怎麼活了。

妳只是失去愛情，卻彷彿失去全世界。

愛情明明只是人生的一部分，

妳卻讓愛情佔據妳生活的全部，

所以才那麼痛苦啊。

#不必為了兩人世界，
  放棄自己的一切

能把自己過好的女生，不會整天只想黏著男友，

而是兩人都有空時就在一起，獨處時也知道如何安排自己。

妳是不是一談戀愛，就把男友放在第一，

把朋友的局、同事的約通通推掉，

24小時都想和男友黏在一起？

有些人就算是姐妹聚會，也完全不想跟男友分開，

帶男友來就算了，最討厭的是你們不打算融入大家，

兩個人黏在一起講自己的話，很少跟別人互動，

讓其他人覺得：要這樣的話，你們自己去約會就好，幹嘛來？

不要談戀愛就見色忘友，和原本的朋友圈漸行漸遠，

最後只剩下和男友的兩人世界。

男友是男友，朋友是朋友，偶爾可以大家一起聚會，

但不要什麼局都出雙入對，讓自己的人際關係開闊一點，

別讓人生只剩男友，一旦你們的感情發生問題，

就連妳的人生都一起出問題了。

記得：我有愛你的能力，但我也有獨處的能力。

#可以討男友歡心，
但不需要量身訂作成他喜歡的樣子

女生總不自覺把自己打造成對方喜歡的樣子。

男友喜歡長髮，妳就留長髮，

男友喜歡妳穿洋裝，妳就開始穿洋裝，

把自己量身訂作成男友心中的理想女友，

可是也許妳原本不見得喜歡這樣的風格？

買東西時只考慮男友會不會喜歡，

吃東西也先想男友喜歡吃什麼，

以男友的喜好來安排自己全部的生活。

偶一為之是可以的，

但如果「每件事情」都這樣，妳就會漸漸失去自己的喜好，

有些人放棄自己的休閒娛樂，

有些人甚至放棄自己的人生規劃，

進修、轉職、出國留學通通為了他擱置。

妳搞得人生只為了他而活，如果失去他，

妳的人生藍圖就大亂，突然對未來的一切都很茫然。

何必讓自己陷入這樣的窘境呢？

就算談戀愛很甜蜜，還是要維持自己的興趣喜好，

妳可以去拿捏一下，

什麼事情是妳為了讓他開心，偶爾願意為他做的，

然後大部分還是維持自己喜歡的樣子。

談戀愛是多一個人和妳一起享受這個世界的美好，

而不是變成只繞著他來打造所有的美好，

這樣一旦失去他，這些美好不就全都毀滅了嗎？

妳還是要繼續做自己喜歡的事情，

保留給自己的時間、給家人朋友的時間，

不要被一場戀愛搞到失去自我，

分手之後要走回正軌就會很艱難。

愛情只是妳生活中的一部分，不是全部啊。

#尊重男友的意見，
　但也要有獨立思考的腦袋

有些人把自己打造成男友喜歡的樣子，

甚至還放棄了自己的思想。

人家問妳對一件事情的看法，妳可能會說：

「我不知道耶，可是我男友說……」

不然就是什麼都要：「我問問看我男友喔！」

妳不習慣有自己的想法，把男友的想法等同於妳的想法，

什麼事情都是他說了算。

這跟媽寶常把「我媽說」掛在嘴邊其實是同樣意思，

都是放棄了自己的想法，全部依賴他人，

如果妳討厭媽寶，那自己也不要變成「男友寶」，

因為本質上那就是差不多的，只是依賴對象不同。

更嚴重的是有些男生，不喜歡妳有自己的想法，

他希望妳全部以他的意見為主，會不斷批評、否定妳的想法，

他會說：「女生不要有那麼多意見，聽我的沒錯」，

甚至會說：「乖，聽話！」

聽到這句話，我真的會一秒白眼翻到後腦勺，

我可不是你養的寵物啊，我會有自己的想法是很正常的啊，

你不認同，我們可以交流、溝通，我們可以討論，

但為什麼一定要「乖，聽話！」，這是什麼意思？

但是很多女生可能聽到這句話，就覺得對方很溫柔、很霸氣，

就什麼都覺得「好吧～那聽你的」，心裡還甜滋滋的。

如果妳習慣於這樣的互動，會漸漸喪失所有個人想法，

對妳的人生根本不是好的影響。

妳要從日常的相處去注意到，這個人不懂得尊重妳的想法，

如果交往中的小事都只能「聽他的就好」，

那麼其他人生的重要決定，

他肯定也不打算找妳商量，通通聽他的就好！

女生記得要維持「獨立思考的腦袋」，

對事情保有自己的看法，

妳和男友都是獨立的個體，你們的價值觀本來就不會一樣，

就算男友不喜歡妳的某些選擇，

妳也不一定需要為了他，就放棄自我的所有抉擇啊！

任何事都是有彈性的、可以溝通商量的，不必非得二選一。

一個要妳放棄自我、只能迎合他喜好的人，

我不會覺得是好對象。

談戀愛再開心，
　 都別忘了妳的事業心

很多女生都是失戀後，才想要專心賺錢拚事業，

如果一談戀愛，又馬上失去事業心，

所以職場表現就起起伏伏的。

因為收入不夠高，

經常為了省房租、省通勤費而搬進男友家，

分手了，又很淒涼地打包行李搬出來。

女生啊，無論妳的戀情多順利，
無論男友家境多好、收入多高，都不要放棄自己的經濟獨立！

現在男友願意讓妳靠，妳也許過得舒舒服服，
但哪一天他不讓妳靠的時候，
妳也必須負擔得起自己的生活，
這才是妳的底氣，才不會輕易從天堂掉到地獄。

感情已經夠讓人暈，
　別再讓自己看不清

不要輕易把感情和省錢綁在一起，
不然很容易受到對方的控制，
當這段感情出了什麼問題的時候，
妳想的不是「我們之間不適合、我們之間沒有愛了」，
而是「房租怎麼辦？我要搬去哪？之後沒人接送了怎麼辦？」

分手會造成妳的好多不方便，然後妳就覺得，

那還是不要分手好了，還會順便說服自己：

「哎呀，其實這段感情也沒有那麼糟，是我想太多。」

因為生活的不便，

所以寧願閉上眼睛不去正視你們之間的問題，

為了省一點錢，妳就什麼都可以算了，

妳確定這對自己的人生是好事嗎？

＃自我是什麼

剛剛講了這麼多，每一項都是妳的自我之一，

妳的生活重心、時間分配、個人喜好與風格，

還有思考能力、事業與收入，

這些人生的必備項目，加起來就是「妳的自我」，

請反思自己，妳有沒有在戀愛中一步一步地失去自我？

妳應該永遠保有這些自我，不要被愛情沖昏頭。

我有愛你的能力，但我也有獨處的能力。

戀愛再開心，都別捨棄事業心！
男人不會為愛放棄的東西，妳也不該放棄！

05 ————

感情不一定會天長地久，
不愛了就勇敢放手

一段關係維持了一段時間，有可能穩定相愛，

也有可能發生了什麼問題，使你們再也走不下去，

某一方跟別人相見恨晚，是很常見的分手原因。

感情裡，我們隨時都是自由的，隨時都可以重新選擇，

不需要一談戀愛就覺得應該「從一而終」，

這個世界這麼大，彼此真的都可以多看看。

我並不是說遇到對方變心這種事，不需要感到難過，

而是覺得，

我們花心思學習如何談戀愛，也要學習如何面對分手啊。

#不是不愛妳了就叫渣

被分手，妳可以很傷心、很遺憾、很不捨、很崩潰，
但不代表對方就是渣，因為他只是不愛了，
如果能有始有終，好好地談分手，那根本一點也不渣。

真正的渣，是明明不愛了也不講，
把妳拖在身邊，浪費妳的時間，不斷地欺騙，
明明不愛又不願放手，怎樣都死不承認的，才是渣。

比起來，有沒有覺得願意好好分手的，正常多了？

如果不愛妳了就是渣，這難道不是一種情勒嗎？
女生對於渣男的標準，還是提高一點吧。

我覺得我們反而是要認清：

感情本來就不一定能長長久久，
重點是在一起的時候你們是否都很快樂，
如果哪天有誰不愛了，那我們就勇敢放手。

我們沒有不傷心難過，

但並不是為了阻止自己的難受，就要情緒勒索。

我曾跟粉絲聊到這個，她說自己年輕時不懂事，

被分手時曾經威脅、恐嚇、奪命追魂 call，

甚至跑去對方公司鬧，

長大後才驚覺，原來這樣叫做恐怖情人。

其實，自己只是沒有面對分手的勇氣。

這些學校沒教的事，讓我們現在試著一起學習。

#愛情沒有保證書

別被故事書騙了，對愛情有太崇高、太神聖的幻想，

就算曾經愛得多轟轟烈烈，甚至發誓要走一輩子的，

最後還是有可能不愛的。

愛情從來不能被保證，訂婚戒指不能保證，

結婚證書不能保證，

即使你們套上戒指、結了婚，還是有可能會變。

感情是流動的，不是他愛過妳，就不會對其他人有感覺，

他也無法預期自己會不會突然遇到相見恨晚的真命天女，

如果愛上別人，那麼他應該好好考慮而做出抉擇。

他有可能幾經掙扎之後，選擇留在妳身邊，

也有可能為了不留下遺憾，去追逐那位真愛，

他也是在這個過程中，探索自己要的到底是什麼。

如果他愛上了其他人，我真的寧願他去追求所愛，

也不要跟已經不愛的我在一起，然後心裡一直想著別人，

如果只留住他的「人」，對我來說是沒有意義的。

同樣地，如果是我，

當我不愛了，我也會勇於離開。

愛從來不是永恆的，愛是會消失的、會改變的，

但這並不影響我仍然願意深深去愛的決心。

#人生無常，
愛情也是

我認為的愛情是這樣的：

如果我們互相喜歡，你也沒愛上別人，那我們就在一起。

如果你愛上別人，或者我愛上別人，那我們就分開。

如果暫時分不開，那就繼續糾纏，

糾纏到某一天，總會有人決定分開。

分手了，傷心就傷心，哭完了再鼓起勇氣談下一段。

如果你一直沒愛上別人，我也沒有，那我們就一直相愛下去。

對於愛情的無常，我並不是不會難過，

但我知道自己有勇氣面對，

畢竟，也有可能是我不愛對方了，

誰都無法保證自己能愛誰一輩子。

妳說，如果無法保證，那為什麼我們還要說「我愛你」呢？

我認為，當我們跟對方說「我愛你」的時候，

指的是「當下這一刻，我愛你」。

即便不能保證永遠，但這一刻我們確實是相愛的。

所以愛，既無法永恆，

但在那一刻卻也是永恆，很美吧？

＃妳有分手困難症嗎？

我發現很多女生，明明感覺到他沒心了、不愛了，

但因為對方沒有主動提分開，

於是自己寧願睜一隻眼閉一隻眼，

就讓這段感情這麼耗著、拖著，

如果是我，我肯定是會提分手的。

我實在覺得愛是不能勉強的，我無法勉強一個人愛我啊。

如果你不愛我了，你又不想提分手，那就我來吧。

妳以為他不提分手，可能是對妳還有不捨，

獨立，不等於跟愛情誓不兩立！

其實他可能只是有「分手困難症」，

並不是他還愛著妳，他只是沒勇氣當壞人。

有些人甚至是有種「剩菜心態」，

明明已經不想要了，卻又覺得丟掉浪費，不然先冰起來好了。

我們就別被當那盤剩菜了！

如果妳已經發現他的冷淡、逃避甚至對妳無視，

那就主動提分手吧，為什麼非要等別人甩妳？

不愛自己的人，應該趕快放生啊。

面對分手這件事，我的態度很明確：

我不愛你了，我就一定會走，

你不愛我了，那你也趕快走。

無論什麼原因，不再相愛的兩個人，分開總是比較好啊。

> ### 🌶 戀愛辣雞湯 ──
>
> 我願意深深去愛，但我也願意不愛了就好好分開。
>
> 人生苦短，別浪費時間和不愛妳的人在一起。

學會看靈魂，
一開始就提高幸福的可能

找對象跟求職一樣，我會請妳「先選擇、再努力！」

如果妳選了一間不適合自己的公司，之後每天上班都在抱怨，
「不喜歡公司的文化」、「沒辦法接受這種價值觀的主管」、
「不願意配合這種輪班制度」，
那不是在浪費自己的寶貴人生嗎？

#一開始的選擇，
比後面的努力更重要

同樣地，一開始就選了不符合自己所需的男友，
後面才要想盡辦法改變他，是不是很辛苦呢？
要改變一個人是很難的，通常都是徒勞無功！

別讓自己談個戀愛這麼累啊。

求職、戀愛與婚姻，其實都是在「為自己的人生找夥伴」，
一開始先確認「自己想要什麼」，再做「適當的選擇」，
接著再在這個過程努力付出，這樣的順序比較剛好。

#我列的理想對象條件會太挑嗎？

既然要選擇適合的對象，
妳可以先列出自己想要的各種條件，
有些女生可能會覺得，但我列了這麼多，會不會「太挑」了？

要選擇對象，當然要替自己挑呀！
畢竟要跟這個人走下去的人是妳，
妳總不會想要委屈自己，然後過著天天抱怨的日子吧？

前提是，妳必須認清自己究竟是「將就」，還是「高攀」！

我們當然可以挑對象，但妳必須先讓自己「有資格挑」，
想要找到理想的伴侶，妳自己也要是別人的理想伴侶啊！

我總是會開玩笑地說，

如果妳不是孫藝珍，但是又非玄彬不愛，

那麼妳的配對機率就會很低囉！

所以呢，真的不是不能挑啦，而是要讓自己有資格挑，

才不會在擇偶路上到處碰壁，

妳以為妳是不想將就，會不會其實是妳總想要高攀？

職場上我們要搞懂自己的戰略位置，情場上當然也一樣，

女人絕對可以挑，但要擁有能挑的資格，

想要優質的男人，那就先讓自己也是優質的女人。

#關於對象的條件，
　　妳可以這樣看

有幾個選擇對象常見的條件，我分享自己的想法：

1、能相處、有話聊

兩個人要相處愉快，有話聊、頻率能對得上，當然是最基本的，

但要找到彼此一直都很有話聊的人，其實並不是那麼容易。

如果彼此的眼界、生活品味、幽默感沒有一定的相符，

聊起天來就會話不投機，很難真的走進彼此心裡。

有些女生會誤以為，要有話聊就必須找跟自己很相似的人，

如果對事情的看法不同、生活圈很不同，就會很難聊？

我覺得不是這樣的，

妳去哪裡找到什麼想法都跟自己一樣的人？

要是真的都一樣，那多無聊？

其實人與人的相處，更多時候都是後天磨合來的默契，

跟和自己不一樣的人相處，才能從不同人眼中看到不同的世界。

重點在於，你們的價值觀能大致符合，

即使對很多事情的想法不一樣，

但依然能夠溝通，才能豐富彼此的人生啊！

2、職場表現與收入

我認為一個人的職場表現與收入，

是反映了他的專業能力，和他被這個社會認定的經濟價值。

賺多少錢不一定是最重要的，
更重要的是他的職涯規劃與上進心。

這個人一路上怎麼去理解自己，並做出不同的職場選擇，
他追尋著什麼？曾經放棄了什麼？反映他人生的取捨能力。
他有沒有努力去提升自己的能力和價值？這會是我更注重的。

很多女生只想跟收入高的男生在一起，我覺得這沒有問題，
每個人都要誠實面對自己的內心，
去找符合自己條件的對象，
千萬不要找不符需求的男友，然後再整天嫌棄他，
對象明明就是自己選的。

如果妳鎖定高收入的對象，
麻煩妳務必注意他的錢是哪來的。

曾看過有個朋友，嫁給非常有錢的對象，
她明知對方做的生意遊走在法律邊緣，卻也不在意，
果然沒多久就出事了，當貴太太的時間非常短暫。

有錢很好，但那是怎麼賺來的非常重要，

千萬不要短視近利啊！

3、人格特質

這是我認為最重要的部分，

一個人的外貌與外在物質條件如何，

都比不上他的靈魂來得重要。

每次講到看一個人要看靈魂，大家都一頭霧水。

靈魂？什麼意思？怎麼看？

很多女生想要找個自己能「看得上」的對象，

但都只看對方的收入、家世、物質、社會地位，

這些只是「外在條件」，並不是他的內在靈魂。

大家不妨多多關注對方的性格、才華、上進心、幽默感，

以及價值觀、情商、道德或生活歷練，

這些「內在條件」，才是真正無可取代的。

這些才是他的靈魂啊。

#看對方的無形條件，
不只是對方的有形條件

年輕的時候，我們可能總是被各種外在條件，

影響對這個人的判斷，

不知道怎麼跳過這些有形的特質，去辨識對方無形的特質。

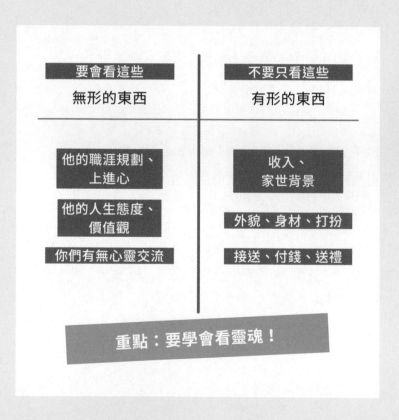

獨立，不等於跟愛情誓不兩立！

我們非得經過一些社會與情感上的歷練，

自己的靈魂成熟了，需要更多的心靈交流了，

才開始懂得去尋找一個配得上自己的靈魂。

🌶 **戀愛辣雞湯** ─────

妳以為妳是不想將就，會不會其實是妳總想要高攀？

外在條件沒有不重要，但是我同樣注重靈魂的相配度。

PART **II**

關於 **互動**

01

曖昧就只是曖昧，
別什麼都往心裡去！

「曖昧」是感情裡最迷人的時期，這段期間，

關係已經超越普通朋友，但又還不到男女朋友，

對方說什麼可能都讓妳暈到不行，

忍不住猜他是什麼意思，整天小鹿亂撞的。

如果妳剛好處在曖昧期，請好好享受吧！

享受胡思亂想的感覺，享受心怦怦跳的感覺，

享受這一切的美好。

用開放、輕鬆的心態去面對曖昧，

他說什麼都沒關係，但妳不需要太往心裡去，

用妳的感性去享受曖昧的滋味，用妳的理性去觀察對方，

兩種模式可以同步開啟，互不打架。

妳說感性跟理性很難同時打開？其實不會，試試看吧！
曖昧期就是個最好的練習。

#容易在曖昧中暈船，
　　是因為經驗值不夠

常有網友私訊我：
「葳老闆，我發現曖昧對象不只跟我一個人曖昧耶，
想到他還有跟其他人聊，就覺得很難過，我還要繼續嗎？」

「本來有一個穩聊幾個月的網友，也越聊越曖昧，
最近對方卻一聲不響就消失，覺得好受傷！
為什麼他要這樣？」

我發現很多人會把曖昧「等同於交往」，
所以當發現曖昧缺乏獨佔性，或沒有結果的時候，
就覺得失魂落魄，甚至完全無法接受，
但這樣才叫曖昧啊，誰說曖昧一定會有結果呢？

太容易在曖昧中暈船，通常是因為經驗值不夠，

很多人跟異性相處的機會實在太少了，

也沒有同時多聊幾個對象，

把雞蛋放在同一個籃子裡，一開始就在想「從一而終」。

每天都跟同一個人聊、每天都跟同一個人報備行程，

每天都期待著跟對方相處，這種單獨的一對一，

當然會一不小心就帶入了「交往中的情緒」，

以至於過度投入。

其實多跟不同類型的人曖昧 & 多多出去約會是很重要的，

真的不要太快就「鎖定單一目標」，

這個世界這麼大，可愛有趣的人那麼多，

多交點朋友不好嗎？

妳找工作、買東西都會貨比三家多比較，

找戀愛對象為什麼不呢？

我建議，如果跟對方在網路上聊得挺愉快的，

早點約出來喝杯咖啡吧！

花2個小時看看實際碰面後，到底對他還有沒有感覺？

　　獨立，不等於跟愛情誓不兩立！

真的有感覺，再繼續往下走吧！

因為很多時候，真的是「見光死」啊！
除了本人跟照片很可能根本就差很大，
連說話的語氣其實都是妳自己幻想的！

真正碰面之後，很可能相處起來一下就覺得，
「怎麼跟我想的不一樣」、「天呀這個我無法」，
如果你們已經聊了半年一年才破滅，我保證妳後悔死。

真的建議同時多跟不同的人聊天啦，
可以的話早點約出來碰面，
多讓自己有跟男生的約會經驗（注意安全喔），
練習看男生的眼光，
真的不用覺得這樣是花心啦，就交交朋友嘛。

如果妳都不給自己機會，去跟不同類型的男生相處，
怎麼可能會變得了解男生，
又怎麼可能會有選男人的眼光呢？
其實男生也是一樣的啊，同樣也要練習怎麼跟女生相處。

如果妳很缺少與異性打交道的能力，

約會就老是尷尬跟彆扭、不知道要聊什麼，

遇到稍微不那麼美好的經驗，就越來越排斥，

最後變成惡性循環，然後就跟自己說：

「算了！我還是單身就好。」

不要讓這種心態變成常態，也不要讓自己空窗太久，

就算沒有穩定交往的對象，也可以一直有曖昧對象，

把心放開一點吧！

#別在曖昧時期，
　投入穩定交往的感情

除了經驗值不夠，也有很多人是用完全錯誤的心態，

去應對兩個人目前的關係。

明明只是曖昧，卻把對方當成男友，

規定去哪都要跟妳報備、只能跟妳一個人聊，

不想聊了也要跟妳明講、甚至要有正式的「講開、停聊」，

其實對方根本沒有義務要這樣做啊！

也許很多人從沒想過，一段兩性關係，是有很多階段的，

每次一起了個頭，就以為要走到最後，

一旦中間出了什麼差錯沒走完，就大受打擊。

不要這樣綁死自己啦！

如果我們把各種階段列出來，

或許妳比較能夠找到自己相對應的態度？（見下頁）

#重啟認知，
  妳需要理解現實中的戀愛

女生最大的感情迷思，除了很容易在心情上「跳階段」，

例如：用交往心情搞曖昧、用婚嫁心情看待交往，

更常犯的錯就是誤以為「每一階段都會很自然地接下去」。

曖昧久了就會交往？交往久了就會結婚？

其實每一段時期就算都很順利，

也不保證就會進入下一段時期耶！

曖昧期	無論曖昧一個還是多個 反正只是互相認識與試探 這時期可能會一直進行淘汰賽。
相應態度	不要太在意 彼此說了什麼都要打個折 誰一對多、或者誰突然消失都很正常 記住:曖昧就只是曖昧,這不是交往!
交往初期	可能是曖昧對象裡 妳最喜歡也最適合的那個 脫穎而出步入交往 這時期可能會漸漸放掉其他曖昧對象。
相應態度	好好享受最美好的熱戀期吧! 通常火辣辣的(笑)。

穩定交往	走入關係更加穩定的階段 面臨各種生活習慣與價值觀的磨合。
相應態度	請不斷確認彼此的適合度 不適合寧願分手 也不要壓抑自我、委屈求全 記住：妳不是為了不快樂談戀愛的。
考慮結婚	結婚可是人生大事 替自己找個人生神隊友 請注意對方的經濟狀況、人生規劃 以及原生家庭。
相應態度	提醒：不是交往久了自然就會結婚 女生想結婚可以主動提出討論。

也許妳從小就想像

「找到一個人、好好談一段感情，然後就跟他結婚」，

但這通常不是現實生活中的戀愛。

重啟對戀愛的認知吧！曖昧時用平常心交朋友就好了，

幹嘛只是聊個天，就在想要從一而終啦？

讓自己選項多一點好不好？

就算曖昧後被消失，也不要整天在那邊小劇場，

覺得自己被對方拋棄，自己是不是不夠好？

就叫妳不要雞蛋放同一個籃子裡了，

沒事想這麼多才是浪費人生啦。

#和多人曖昧就是花心？
妳需要破除迷思！

如果發現對方跟很多人曖昧或約出來見過面，

妳也不需要心裡有疙瘩，想說這是不是花心的意思？

我覺得不是，我也會同時跟多個人曖昧，

藉由聊天跟相處，才選出自己最喜歡、最適合的。

曖昧的過程本來就是一場淘汰賽，人人有機會、個個沒把握，
只要在確定交往之後，懂得跟其他人劃清界線就好了，
重點從來都是這個，而不是前面跟多少人曖昧，理解嗎？

戀愛辣雞湯 ──

好好享受曖昧期，有點暈也沒有關係！

只認識一個對象，就直接原地淪陷，才是最危險的。

02

曖昧不要急著暈船！
先找到自己的底線

曾有人問我，她每天都跟曖昧對象聊好幾個小時，

對方也會主動報備自己的行程，後來開始出去約會，

最後甚至已經過夜了，但仍然沒有確定兩人的關係。

她以為隔天應該會變成男女朋友，但對方卻完全沒有提到，

她心中開始覺得不是滋味，感覺自己好像吃虧了，怎麼辦？

那我問妳，如果妳很在意這個，

為什麼會在還不確定關係的情況下，就跟他過夜呢？

如果妳覺得感覺對了、氣氛到了，自然就發生也OK，

那現在又怎麼會急著想確定關係、覺得吃虧呢？

這實在是很多女生會遇到的問題，

而且經常不斷為此鬼打牆，

原因其實是，妳都沒有「把主控權放在自己手上」。

什麼叫主控權？應該怎麼做？

#聰明的女孩，
會先抓出自己的約會底線

請在一開始就想清楚，妳跟曖昧對象的底線可以到哪裡？

抓出那條，即便最後沒有交往也不會覺得受傷的界線，

還沒有確定關係之前，守住自己訂好的界線，

而不是毫無底線，把要發展到什麼程度的決定權交給對方。

這是妳的身體跟心靈啊，為什麼不是妳來決定？

什麼年代了，妳該不會還覺得是對方要負責吧？

曖昧期間，兩個人的關係是模糊的，

也沒有人規定曖昧期什麼事情不能做，

這條界線妳只能自己抓，

而且要知道，兩個人的標準可能並不一樣。

妳覺得發生關係之後，彼此應該就是男女朋友了，
但他可能從來沒這樣想過啊。

所以請妳自己拿捏，曖昧期可以接受到什麼程度的親密行為，
這個掌控權應該是在妳手上，不是他，
不要什麼都做了，才發現對方不打算交往，
這時妳又覺得吃虧。

我希望妳先把自己的心情照顧好，再去照顧這段關係。

#搞清楚彼此的目標是否一致

如果妳是想找一個認真交往的對象，
請觀察對方的想法也是這樣嗎？

對某些男生來說，跟女生曖昧可能只是想找短期關係，
並沒有要認真交往，當他發現妳越來越認真，
某天可能就直接搞失蹤了，因為那不是他想要的關係。

某些女生也是，喜歡把曖昧對象當工具人，

讓他每天接送上下班，有事就找他幫忙，讓他送一堆禮物，
週末就出去吃人家的、花人家的，但其實根本沒打算交往。

很多人會說，這就是渣男、渣女啊，這就是海王、海后呀，
我倒覺得，把所有問題都推給對方，只會讓人忘了，
在決定付出什麼給對方以前，
確認自己想要什麼並且好好觀察對方，
「明明就是自己的責任」。

與其每次都把問題推給「我遇到渣」、「我被騙了」，
不如學會睜大眼睛看清楚，彼此是不是目標不同？
他只想玩玩，而妳想認真？

那妳不能自己先發現，然後收手嗎？

意識到凡事自己都有一定的責任，才是變成熟的開始啊，
我們不要當長不大的孩子。

他很忙，
但妳願意等？

太多人問過我：曖昧完、約會過，也真的很喜歡他，
但是後來對方因為工作很忙，彼此就變淡了，
這樣是不是應該多體諒對方？耐心等待？

看到這樣的案例，我都會建議：別再等啦！
真正喜歡妳的人，根本不會放任彼此關係變冷，
就算真的很忙都不會跟妳說的！

每次我這樣講，女生都會：「什麼意思？什麼叫很忙卻不會說？」

大家換位思考一下，如果妳真的很喜歡對方，
妳真的會冷落對方，然後說：「我最近很忙」？
妳沒有整天盯著手機秒讀秒回就不錯了！

就算真的忙到炸，我不信妳不會跑去廁所回訊息，
我也不信妳不會逮到任何小空檔就回訊，
我更不信妳吃飯、妳睡前不會抓著手機聯繫。

如果是要約碰面，妳再忙都會推掉原本的事情！

不然就是想盡辦法喬出別的時間，根本使命必達。

會說「我最近很忙」，然後也不打算喬其他時間，

明明就只是個軟釘子啊！真的不要被發了好人卡都不知道。

妳聽到的是：「我最近工作有點忙」

翻譯其實是：「我沒那麼喜歡妳，先別煩啦！」

妳聽到的是：「工作超忙的，最近比較沒空約」

翻譯其實是：「就沒那麼喜歡妳，所以懶得跟妳碰面」

如果曖昧了好幾個月，對方都不打算再更進一步，

那對方就是沒那個意思，不要再幫對方找理由啦！

妳可能很認真，但是對方並沒有。

女生在這個時期最容易發生的內心小劇場就是：

「他說他很忙，我應該要能體諒他，他忙完就會找我了。」

甚至有個網友跟我說，她就這樣等了超過半年！

我說這樣妳也好？

她說因為對方每天都會跟她聊幾句、早安午安兼晚安，

只是剛好都沒有時間約出來碰面。

她真的以為是對方很忙，不然幹嘛還一直照三餐問候？

後來時間拉長，她才驚覺，對方好像只是在敷衍。

女生可能會想，如果對方不打算要我等，

為什麼還要一直跟我聊？

為什麼不能跟我說清楚？為什麼要讓我覺得有希望？

難道就不能說明白，讓我死心嗎？

我會說，別老是期待別人要「跟妳說清楚」了，

大家都是大人了，多用自己的腦袋去辨別吧！

最簡單的辨別方法：「對方的行為就是答案」，

只要沒有要碰面、沒有要約出來，

都再明顯不過了，其實早就夠清楚了！

妳根本就不在對方的選項裡，

不要浪費那麼多時間，等待一個沒有要妳等的人。

#曖昧到底要不要認真？
輕踩油門能收能放

有些人曖昧期間太認真，一下就把油門踩到底，

而且從頭到尾都自己戴上濾鏡看對方，

只有自己在暈船，最後發現對方只是玩玩。

更可怕的是，妳以為妳是在跟對方談戀愛，

但妳都沒有好好睜開眼睛看，

妳只是在跟自己「想像中的對象」談戀愛，

所以一切都美好得要死。

哎唷，曖昧跟網聊都不要太認真啦，

真的要在多次碰面後，真正認識了對方本人，

確認對方是一個值得妳把握的好對象，再開始認真啦。

剛開始約會時，多觀察以下細節吧：

1、他的外表與生活習慣

我們其實常在曖昧階段的約會時，

就能發現對方衛生方面的缺點，但又不適合直接說出來，

例如指甲很髒、有體味、牙齒很髒或頭很油等等。

這種情況，現場都已經度日如年了，

回到家聊天當然是立即變冷淡，漸漸就會疏遠對方，

而且絕對不會再約出來第二次啊。

如果對方追問我冷淡的原因？我才不會說呢。

難道我要說：「你的體味真的好重，我無法！」

還是：「你除了頭很油，頭皮屑還滿肩膀！」

除了這種外表與衛生類的，

也有可能就是這個人從外在到內在，妳就是不喜歡嘛，

所以別期待著對方要跟妳講清楚了啦。

2、他對事業、對工作的態度

像我是個很注重事業的人，也很欣賞同樣有事業心的人，

當我知道你對自己的人生是有規劃的、對工作是有想法的，

這些對我都是加分題。

但如果聽到你對工作的態度得過且過，
或是一直抱怨老闆、抱怨公司，談到換工作又很消極，
這種我就真的不行，因為你根本就不打算好好規劃職涯。

剛開始約會，或許不一定會聊得很深入，
但如果有機會聊到各種話題，妳都可以透過對方的回答，
去思考「他是怎樣的人呀？我們適合在一起嗎？」

記得是要自然地聊天而觀察啊！
千萬不要瘋狂問與答，妳可不是在做問卷調查。

3、他對金錢的價值觀
曖昧期的約會，妳還可以觀察對方的金錢觀。

你們會AA制嗎？還是一定要男生付錢？
有的女生覺得男生出錢是理所當然，
但有些男生覺得約會應該AA制，這其實沒有對或錯，
主要是看你們的觀念能不能契合。

如果在曖昧期就發現光是誰付錢之類的事情，

就弄得很尷尬或者很不開心，

就此打住也不是什麼壞事。

另外，也有女生朋友告訴我，

她的曖昧對象平常都在玩股票當沖，

會跟她說今天又賺了多少，

她覺得太投機了，不適合當作交往對象。

有人覺得這樣很厲害，可以在最短時間致富，

有些人覺得這樣風險太大，會導致生活不穩定，

這到底是投機還是投資，每個人的想法不同。

所以重點其實都不在「對方這樣做對不對」，

只要不違法，哪有什麼對不對？

妳只要思考「自己可不可以接受」就好。

曖昧期有太多事情可以觀察了，真的不要急！

不要什麼都還不清楚，就輕易覺得他是完美對象，

活在自己的幻想裡，

輕易就投入很深的感情，就算後來發現對方有一堆問題，

妳也已經沒辦法說斷就斷，何必這樣整自己呢？

🌶 戀愛辣雞湯 ──────

曖昧時不要急著暈船，發現不對勁就要趕快跳船！

對方的行為就是答案，不必凡事都要說開。

03

怎麼分辨，
他到底有沒有喜歡妳？

前一篇提過，要好好觀察曖昧的對象，
所以當然對方也在觀察妳啦！

很多人都遇過曖昧時，對方聊一聊就消失的狀況，
可是明明聊得很愉快呀！難道只是自我感覺良好？

到底要怎麼觀察，對方有沒有喜歡自己呢？

#不排斥、不討厭，
並不等於喜歡

請注意，妳的曖昧對象對妳積極嗎？
他是都只有被動地接球，還是也有主動發球？

如果妳主動找他聊天，他會回應妳，但是很少主動找妳，

妳約他出去、甚至妳要去他家，他也都OK，

可是某個週末妳沒約他時，他就消失了，

從來都不會主動找妳，答案就很明顯了。

我曾在跟不少粉絲提到這個點時，

她們才驚覺，好像是耶！

但自己從沒注意過這個點，一直以為「明明好好的」。

如果他都只是「被動」接受妳，但卻很少「主動」找妳，

那麼他只是不討厭妳而已，

不討厭跟喜歡，是不一樣的事情，

而不排斥只是不討厭而已，還沒有到「喜歡」。

女生要了解一下男女心態的不同，

女生通常是要「很喜歡，我才可以」，

但男生是「不討厭，我就可以」。

對男生來說，

「不討厭妳」就是「妳要來找我的話，我OK」，

「我喜歡妳」則是「我想去找妳、我想見妳」，

這兩種可是完全不一樣！妳至少要能分辨啊。

如果有男生追我，只要我不討厭他，

他傳訊息，聊一下天我是也無所謂，

他約我出去，如果剛好有時間就去，不想去就找理由推，

但我肯定不太會主動找他。

因為只是不討厭，

所以我一定是處於這種「被動接受」的狀態。

但如果我喜歡對方，那就不會是這樣囉！

對方找我、我回訊，我也會主動找話題跟他聊，

他如果約我出去，我還會努力讓約會更加分，

例如他約看電影，我會提議看完電影不然順便吃晚餐？

會想「不斷增加並拉長相處時間」，

就是一個很明顯的行為啊。

#結束不了的約會，
其實是不想讓妳走

曾有網友分享過，她說男友在跟她曖昧時，

每次碰面，對方都一直找理由延長相處時間：

「突然想起我有東西要買，不然妳陪我去？」（還真突然吼）

「有個東西放在朋友那，不然開車一起去拿，

晚點我再請妳吃飯！」

這樣整段車程又能相處了，還自己偷加晚餐，

後來想起，她都覺得好好笑。

這種「結束不了的約會」、「不斷延長的小插曲」，

就是他想跟妳相處久一點，不想放妳走嘛！超可愛的。

然後我也一定會趁獨處的時候多了解對方，

我可能會問很多問題，就算只是小到不行的小事，

「原來你喜歡奶綠不加珍珠啊」、「原來你有某某小習慣啊」，

我也覺得是很大的發現，

因為我喜歡你嘛（不然關我啥事）！

這種「想了解對方、對你很好奇」的狀態才是喜歡，

如果我不喜歡你，和你出去只是打發時間，

那麼我可能不會主動開話題，也不會問太多問題，

因為我對你根本不好奇。

就算知道你喜歡奶綠不加珍珠，我也覺得：「嗯，那又怎樣？」

（然後我也根本不會記住，秒忘）

對了，如果我不喜歡你，你說東西放朋友那要去拿，

我肯定會說：「那沒關係，我先回家好了，你去忙。」

誰要陪你去拿啊？我吃飽太閒嗎？哈。

這些細節，大家都心知肚明，所以氣氛才曖昧啊！

所以，如果妳在曖昧期時，

對方呈現一個反正沒事、妳約他就去，

約會時也不怎麼積極、對妳的事不好奇，

沒打算了解妳、稍微有事就要先閃的狀態，

請妳早點發現都是妳「單方面在付出」。

　獨立，不等於跟愛情誓不兩立！

妳以為你們明明好好的，

其實他只是沒有拒絕妳，並沒有真的很喜歡妳！

這種情況下，如果有一天他突然消失了，那也是很正常的。

#新鮮感消失，
　就開始變忙？

人都喜歡新鮮感，剛認識一個人的時候，

你們彼此之間的新鮮感，會超級加分。

但熟識到某個程度，妳可能會發現「這個人好像就這樣」，

沒有特別的感覺了，也不會特別想念了，好像沒有也沒差了。

突然覺得自己「其實也沒那麼喜歡對方」，

這也是曖昧期會突然消失的很大原因。

如果曖昧對象說出「最近很忙」這個關鍵詞，

妳就要懂，大概可以收手了。

如果他對妳有意思，但最近真的很忙，

他一定不會把忙當成理由，而是會把這個當成聊天的話題，
像是：

「最近工作都在忙XXX的事情，妳呢？」

「今天忙到都沒吃飯，趁現在吃飯時打給妳。」

「我剛剛開會沒看到訊息，那妳現在在幹嘛？」

就算很忙，他還是會想跟妳聊幾句，
甚至偷偷跟妳解釋，而不會直接冷淡或消失。

通常只說「我很忙」，就是「不要吵我」的意思，
千萬不要以為他是真的很忙，
別繼續花時間在對妳沒興趣的人身上。

#多線在手，
   他只是在做選擇

有些人同時跟三、五個對象曖昧，
聊出興趣、就會越來越火熱，
聊不出什麼火花，就會放給它冷。

如果曖昧對象突然冷淡，

有可能是他覺得妳這條線可以放掉了。

這時候也不必覺得太難過，曖昧本來就不需要對誰負責，

妳只要理解對方可能開始在做抉擇了，

五個變成三個，三個變成一個，

他可能也在篩選想交往的對象，只是那個人不是妳。

妳應該慶幸他是會做選擇的人，

如果他是一個同時跟妳交往，

又不放棄繼續跟別人搞曖昧的人，那才煩呢！

對方只是做出他的決定，

妳也可以同時跟多人聊天，然後跟自己最有感覺的人在一起，

這只是一個選擇的過程，真的沒什麼。

但如果曖昧對象消失一陣子，又回來找妳，

妳就要想想，對方找妳是因為妳在他心中是特別的存在？

（是的話，那他之前幹嘛消失？）

還是只是因為他最近缺伴，又想隨便找個人填空？

對方不喜歡妳沒有關係，我們都在選擇也在被選擇，

總會遇到互相都真心喜歡的對象，

但妳要有分辨別人是否「真心喜歡妳」的能力。

#如何確定關係？

很多人都會遇到，已經曖昧了一陣子，

彼此互動都已經跟男女朋友一樣了，

但對方卻從沒講明彼此的關係是什麼，

這種時候，該怎麼確認對方的心意？

妳可以在碰面的時候試探他：

「我們現在算不算在一起了呀？」

如果他閃避話題，就是沒有打算認定你們的關係，

那麼，妳肯定不是他想要認真交往的對象，

他可能覺得維持現況就夠了。

女生切記不要把曖昧搞得像穩定交往，

也許人家還沒有那個意思，但妳卻以女友自居，

最後再說對方傷害妳，但人家可什麼都沒說啊？

有時候傷害都是自找的。

如果很怕受到傷害，記得不要把曖昧當成戀愛ING ！
妳可以確認了彼此的關係，再進一步付出。

告訴自己：曖昧就是曖昧，不等於男女朋友！

> 🌶 **戀愛辣雞湯** ⸻
>
> 曖昧中突然消失，他只是沒那麼喜歡妳！
> 曖昧從來不等於交往，不要沒事自找傷害。

04 ———

女生可以主動告白嗎？
會不會不被珍惜？

很多女生遇到喜歡的對象，明明心動得要命，

卻又不敢主動表達好感，怕做不成朋友會很尷尬，

也怕被對方覺得自己很隨便，

甚至以為女生主動告白就不會被珍惜？

其實，從來都不存在隨便這個問題，

喜歡一個人，想讓他知道，怎麼會是隨便呢？

而且，女生會不會被珍惜，也跟是不是主動告白無關，

不被珍惜的女生，除了愛錯人以外，通常是因為沒有底線。

只要妳懂得選擇對象、懂得愛自己、凡事有底線，

妳根本不必擔心這些。好不容易遇到喜歡的人，

可別因為「女生不能主動」的錯誤迷思，而不敢追求啊！

＃女生可以怎麼追喜歡的男生？

有網友問我，自己有個暗戀三年的男同事，

但是一直不敢表白，想問我是否有什麼建議？

天哪！三個禮拜我就會示好了，三年怎麼忍得住啊？（笑）

女生可以製造各種可以跟對方相處的機會呀！像是：

「聽說你以前做過類似的專案，這次可以跟你請教嗎？」

「我生日有跟朋友約唱歌耶，你要不要也一起來玩？」

「聽說你很擅長某項運動，最近剛好很想學，

　可不可以請你教我？」

「我剛好拿到兩張送的電影票，你看過了嗎？

　要不要一起去？」

無論男生女生，也無論現實生活或網路聊天，

只要像這樣，像是「臨時起意的邀約」就可以了。

關鍵在於都是「剛好問一下」，而不是專程「為了你」，
用輕鬆自在的態度，他不去那妳也會找別人的感覺，
這樣就算對方真的沒空或婉拒妳，其實也無所謂，
反正妳只是「剛好隨口問問」嘛。

如果是前面說的，妳是請對方幫妳忙，
可以在對方幫完之後，說為了謝謝他，想請他吃個飯，
就可以再約一次啦！

記得再來一次剛好與順便！
「剛好最近也很想去吃看看這個餐廳，
　那就順便請你吃飯啦。」

說到剛好與順便，就想起我一個男生朋友說：
「不喜歡，住隔壁都不順路啦！喜歡，墾丁我都順路啦！」
就是喜歡，所以我們都很剛好、都很順便啦，
這招就多多使用吧。

邀約時記得觀察對方的態度，確認他對妳的感覺，
如果妳找這麼多理由靠近他，他每次都愛理不理，

或每次邀約都拒絕，那他肯定對妳沒什麼好感啦。

有些人可能會說，幹嘛這麼麻煩，直接告白不就好了？

哎，戀愛一直碰壁的人，常常都是因為只會丟直球，
這樣的人，往往在職場上也是不會做人、不懂察言觀色的人，
其實繞點遠路反而比較快啊！

#常見的告白迷思其實是⋯⋯？

我知道很多人都會被告白綁架，
以為告白才能開啟一段戀情，
但告白應該用在最後一刻，
也就是雙方互有好感，只差最後一哩路的時候。

除非你們一開始就看對眼、互相暗戀，
不然大部分情況，都是一個人先對另一個人有意思，
總得有人先開始「追求對方」，想辦法達成「互相喜歡」。

妳總不能期待跟對方說「我喜歡你」，

他就會「突然也喜歡妳」呀！
所以沒必要「莫名衝去告訴他，妳喜歡他」。

不需要告白，不是因為告白的人會不被珍惜，
不被珍惜的人，都是因為不愛自己而且沒有底線，
跟主動告白從來就沒有什麼關係。

不需要告白，是因為如果對方還沒喜歡妳，
妳的重點是製造相處的機會，而不是去表達妳喜歡他，
因為他就是還沒喜歡妳，妳去告白也沒有意義！

莫名其妙的直球告白，真的就是製造尷尬而已，
別以為這種直球告白好像很浪漫？其實很粗糙。

#大人感的追求

我們剛剛的那些「很自然」、「剛好順便」的各種邀約，
就算他對妳沒意思，日後繼續相處也不會太尷尬，
因為妳又沒有直接說出妳喜歡他。

如果有個男生突然跟妳說「我喜歡妳」，妳會怎麼反應？

除非他一切條件就那麼剛好是妳的夢中情人，
妳才會一秒愛上他！不然，妳可能會變得有點尷尬，
不知道以後該怎麼跟他相處了，搞不好還開始躲著他？

但如果對方只是提出：
「剛好周末要去幹嘛，要不要順便一起」
「知道妳擅長某件事情，想請妳幫個忙」

妳就有機會先跟對方相處看看，
搞不好不小心就互相喜歡啦！
就算這次剛好有事沒答應，或者對他沒有好感而婉拒，
下次碰面也不會覺得尷尬呀，
這不是比較「大人感」的追求嗎？

真的不要偶像劇看太多，
以為戀情的開啟一定要透過告白啦！
好像告白完，兩個人就會在一起了？想太多！
那只適用於，本來就已經互相喜歡的兩個人啊。

戀愛辣雞湯 ———

不是主動就會不被珍惜，不被珍惜是因為妳不愛自己。

想辦法讓對方喜歡妳，

而不是只想去表達妳有多喜歡他。

05 ————

老是愛上渣男？
如何遠離妖魔鬼怪？

有些女生的戀愛際遇不太順，說自己老是遇到渣男，

但是渣男這個詞其實有點太被濫用了，

如果他只是不喜歡妳，或喜歡上別人而提出分手，

這並不算渣男。

對我來說，渣男的定義應該是：

明明愛上別人了，寧願腳踏多條船也不分手，

覺得妳還有利用價值，就繼續欺騙妳的感情，

對這一切卻又覺得理所當然、毫不羞愧的男人。

有沒有辦法提早識破渣男，盡量遠離他們呢？

＃避開講話輕浮的「顯性渣男」

不少女生都曾遇過，才約過一兩次會，

明明還不是男女朋友關係，對方就硬要大聊性經驗，

或者突然坦承自己之前有多少床伴的男生。

不然就是聊天時，把所有的重點都放在女生的身體上，

跟妳說妳好香、妳好辣，說妳的身材很性感，

讓他很有感覺等等（礙於尺度的關係，就寫到這了啊）。

講話這麼輕浮的男生到底是想幹嘛？

如果是真心要好好追求一個女生，

男生都會小心翼翼、怕說錯話，

不想讓喜歡的女生留下什麼壞印象，

根本不可能對妳大開黃腔，他裝紳士都來不及了！

才剛認識就沒有尺度地狂撩，通常目的也就是那樣，

故意開啟這類話題，試探女生的態度，

如果妳沒反抗還順著他的話題聊下去，那麼他便確認了，

妳也是輕浮（或無知）的女生，他就能為所欲為了。

這種男生臉上就寫著：
「我只想玩玩就閃，誰要跟妳談戀愛？」

所以除非妳的目的跟他一樣，
不然千萬不要以為這是「男生喜歡自己的一種表現」，
以為這只是在「曖昧、互撩、互相喜歡」，
妳自己這麼主動配合，就不要吃了虧後才說遇到渣男！

如果妳想談的是認真的感情，就避開這種輕浮的男生，
別再讓自己承受這種言語性騷擾了，直接封鎖他吧！

#需要多花一些時間
　去驗證的「隱性渣男」

如果是看似一切正常的「隱性渣男」，要怎麼防範呢？
請不要輕易相信對方營造出來的外在形象，
多花點時間辨識他不合邏輯的行為吧！

很多渣男都會創造出「忙碌的人設」，

好讓自己可以隨時「想消失就消失」。

例如自稱自己是超忙的創業家，或是工作性質需要出差，

得經常出國、開會，沒時間碰面或無法回妳訊息，

於是可以合理地經常搞失蹤，每次都來匆匆、去匆匆。

我就有朋友遇過自稱是「國家特務」的男生，

經常消失不回訊息，碰完面就說又要出任務了，說閃就閃，

交往幾個月下來，女生覺得自己好像免費的伴遊女郎，

什麼情感也沒得到，身體倒是付出了不少。

某一次他消失後，再也沒出現了，

女生朋友這才確認，果然是遇到渣了。

我笑說：「就當作他出任務失敗了吧？」（你以為你阿湯哥喔！）

這種愛搞消失的渣男，可能經常同時欺騙不同的女生，

不然就是已婚男，所以只能偷空檔出來約會，

所以他會「經常無法聯繫」、「只有他能找妳，妳不能找他」，

其實都是超明顯的特徵。

一旦妳抱怨找不到他人，他就反過來情勒妳：

「難道不能體諒我的忙碌嗎？」

「我的工作性質就是這樣啊！」

「我這麼努力工作，也是為了我們的將來！」

眼前都顧不好了，我還跟你將來？

明明相處上已經造成你們之間很大的困擾，

他卻從來不打算跟妳一起坐下來想辦法，

而是要妳「無條件體諒」他，這樣的男生怎麼會是好對象呢？

所以拜託！不要再輕易相信什麼多忙碌的工作性質了啦，

他要真那麼忙碌，就先去好好打拚事業，

不要還這麼貪心，同時硬要把妹行不行？

#關係還沒到就提出大膽邀約

有些男生明明才剛跟妳認識不久，卻提出臨時又大膽的邀約，

像是：「我這禮拜要到某個地方出差，要不要順便跟我去？」

這種太過臨時，又需要過夜的邀約，通常都有問題。

如果對方想和妳發展認真交往的關係，

他不會提出如此跳階段的邀約，

（搞不好手都還沒牽，就要過夜？）

就像前面說過的，越是真誠的感情，

應該越會小心翼翼地呵護。

除了直接約過夜，還有過多畫大餅的話術也很不合理，

動不動就說妳是他理想的結婚對象，很想買房子一起住，

還有人會說，想快點帶妳見父母、以後想跟妳生好多小孩，

（哈囉，我們是到那階段了嗎？）

很多女生聽到這些一下就暈了，

都是看準女生嚮往婚姻的心態啊。

遇到這種跳階段跳得太誇張的，

女生一定要警覺起來，因為真的不合理啊！

渣男之所以撩得這麼有自信，是因為他根本不怕失去，

他隨便亂講什麼都可以，亂槍打鳥就行，

反正他手上有好幾個名單，要是被妳破解，

換下一個就好，他又沒差。

遇到這種人，還是理性想想，

你們認識才多久？關係到那程度了嗎？

如此輕易跟妳談結婚、買房、見父母、生小孩，合理嗎？

正常男生多怕給承諾啊？更別說買房這麼慎重的事，

他多怕妳揪著他說：

「啊你不是說要結婚？不是要買房？不是要生小孩？」

哪可能整天結婚、買房、生小孩掛在嘴邊講！

這根本都空頭支票，隨便他開啊。

越會畫大餅，越是騙妳的啦！

反正說說又不用錢（帶妳去看房也不用錢喔）。

#不是大明星，
卻死都不願意公開關係

還有一個常見的渣男特徵，就是：死都不公開你們的關係。

他會對外營造單身形象，社群上也不會放女友的照片，

讓大家以為他沒有女朋友。

這種人就很可能同時交往其他女生，
而且這些女生完全都不知道彼此的存在。

如果你們剛在一起兩三個月，還不知道會不會繼續走下去，
希望穩定一點再公開，那還算是合理的。

可是如果你們已經在一起很久，感情也很穩定，
常常出去約會，甚至都同居了，他還是不公開，
妳還不覺得有問題嗎？

就算是不喜歡在社群上面放閃的男生，
至少你們的朋友們應該會知道你們正在交往，
而不是感覺想盡辦法把妳藏起來。

曾聽朋友說過一個交往對象，約會時一起牽手走在路上，
男友遇到認識的朋友，立刻一秒放開自己的手，
問他為什麼要這樣？
他說是因為這些朋友很八卦，不想被他們討論。

後來果然發現，他其實有正牌女朋友，

但又同時約會其他女生，所以超怕遇到認識的朋友，

當然他就絕對不會公開妳的存在，

更不會介紹妳給朋友認識啦！

明明不是大明星，卻死都不公開關係，肯定有問題嘛！

#已婚渣男，
害妳不小心當了小三？

已婚的渣男該怎麼發現呢？

照理說，如果他和老婆還維持正常的互動，

那他可能某些固定的時間會消失，

例如晚餐、週末、父親節、母親節、聖誕節、過年，

這些時間他都約不出來，也沒辦法接妳的電話，

因為他要陪家人。

反之，他可能都會在上班時間或半夜打給妳，

你們出去約會，他的手機響了，他總是不接，

然後待會就找時間避開妳去回電話。

至於剛剛是誰打電話來，老是避重就輕、推給工作，

如果只是工作，幹嘛剛剛不能接？神神祕祕的肯定有鬼！

女生請記得，不管渣男有多少，

只要自己三觀正，不要貪圖人家什麼，

不要看到高富帥就暈，

妳貪物質、貪頭銜、貪享受，而忽略對方的詭異，

那就是自己不睜開眼睛！

也不要對結婚有過度的嚮往，好像可以一秒上岸似的，

理性一點啦！睜大眼睛觀察可疑行徑，

就不會讓渣男有機可趁！

同時，請建立自己成熟的心靈，

就不會老是追著男人跑啊！

妳可以這樣豐富自己：

1、建立自信

有自信的女生，比較不會被甜言蜜語哄騙，

輕易失去理智，而進入一段不正常的關係。

2、擁有足夠的朋友，不要缺愛

有些女生可能是原生家庭缺乏溫暖，

也可能是出社會後人際關係不好，很缺愛、很缺關懷，

遇到渣男的小小溫情就瞬間沉淪，想說：終於有人愛我了。

3、增加戀愛經驗＆與異性的互動

如果太少被男生追、太不了解男生，

除了不容易分辨出渣男的行徑以外，

本身也會太過害怕失去，明知這段感情有問題卻還是離不開。

女生啊！先提升自己，好好愛自己吧！

妳有腦袋、有足夠的觀察力、也有良好的道德觀，

有自信、不缺愛，就不會老是瞎了眼而愛上渣男啊！

> 🌶 戀愛辣雞湯 ─────
>
> 渣男之所以撩得這麼有自信，是因為他根本不怕失去妳。
>
> 提升自己的自信與觀察力，妖魔鬼怪就傷不了妳！

越線後受傷怎麼辦？
也許妳沒有那麼無所謂

有時候，明明昨天可能還在互撩，今天就變冷淡，

明天他甚至直接消失！

為什麼會這樣呢？這樣算是遇到渣男了嗎？

曖昧的好處，就是誰也不需要講清楚，隨時都可以消失，

因為沒有人需要負責任，才會什麼都敢講，

也是曖昧之所以美妙的原因呀！

#答案是要自己想，
不是等人告訴妳

很多女生在遇到這種狀況時，都想去追問對方：「為什麼？」

「我說了什麼話、或哪裡讓你不喜歡，可不可以告訴我？」

但我覺得，千萬不要當一個「什麼都需要答案」的女生，

很多事情是需要自己的腦袋去思考的，

不是傻乎乎地去要答案。

而且，妳怎麼覺得對方會老實回答妳？

難道對方會跟妳說：

「我就覺得妳很難聊啊」、「啊我就是對妳沒感覺」

「我平常只是在亂喇賽打發時間，妳認真個鬼？」

得到這樣的答案有意義嗎？妳會比較開心嗎？

還不如灑脫地認清，他會消失、會冷淡，

肯定就是沒有多喜歡妳嘛！

這種事情自己想一下就知道了，真的有需要跑去問嗎？

不死心非得跑去問，再被敷衍個幾句，

為了這幾句又走不開了，以為還有機會，

妳這麼卑微的樣子，我都為妳心疼了！

能不能有點骨氣，

去找下一個真正喜歡妳的男生就好了嘛。

至於怎麼判斷什麼是真話，什麼是敷衍？翻譯功能來一下。

當妳聽到這些類似的說法：

「是我不夠好，我們先當朋友就好。」

「妳很好，是我配不上妳。」

「我也不是不喜歡妳，只是因為某些原因無法交往。」

「我現在的工作太忙了，沒辦法專心談感情。」

其實背後的意思可能是：

「聊天只是上網喇賽而已，我沒有真的想交女友啦！」

「就沒有喜歡妳，別老是整天找我聊，有點煩了！」

「我同時還有跟很多女生聊，妳還好而已，我想放掉。」

「我只想亂聊玩玩而已，結果妳太認真了，先掰！」

＃男生根本沒有妳想的那麼複雜

如果對方真的很喜歡妳，只會想趕快確定關係，

怕妳被搶走都來不及，怎可能還一直把妳往外推！

他就是不喜歡妳，就是沒有要把妳變成女朋友，

才找一堆理由跟藉口，假裝成是自己不得已。

　獨立，不等於跟愛情誓不兩立！

他會把妳往外推，重點只有一個：他沒有喜歡妳！

真的想要，人們就會找方法，

並不想要，人們就會找藉口，

那妳聽到的，都是方法還是理由？

成熟的女孩，千萬要自己內建翻譯啊！

不要傻傻地在字面上打轉，還跟他說：

「你沒有不夠好啊，我覺得你很好就可以了！」

「我知道你工作很忙，但我可以等你沒關係。」

「你說的那些原因我都不介意啊！」

妳自以為很貼心很得體，

他看完妳說的卻只會白眼翻到天邊去。

其實男生真的很簡單啊！

如果他想要，他就會及早出手、定義清楚，

如果他不想要，他就會出一張嘴、盡量拖延，

這不是很基本的人性嗎？

女生自己想一想，

當朋友約妳出去，妳也很想去的話，

是不是立刻就會確認時間地點細節？

如果妳不想去的話，是不是就會回：

「哎唷我最近有點忙捏！」

「我要再看看喔！」

「我要是可以再跟你們說囉……」

如果朋友逼妳確認，妳就會說：

「我也很想去，可是現在真的沒辦法確定耶……」

明明就是妳不想！才會理由一大堆。

所以事情真的很簡單，「一個人的行為就是答案」，

是女生自己想得太複雜、太一廂情願，

聽到對方這些推託，他的選擇明明就清清楚楚，

何必一定要等對方講明才願意死心呢？

這種追根究底的精神，這種永不放棄的精神，

妳拿去職場上發揮，薪水都不知道加多少了咧。

#越線之後感到受傷怎麼辦？

有網友私訊我，說自己跟曖昧對象發生關係後，
對方卻完全沒有把她變成女友，甚至還變冷淡了，
但因為也是自己願意的，所以突然不知道該怎麼辦。

我知道這樣的感覺肯定很難受，
會有自己好像被騙了的感覺，
因為跟自己期待的後續發展，真的不同。

有時候，女生以為藉由發生關係，
雙方就可以順理成章變男女朋友，
但是男生並不一定是這樣想的啊！

對很多男生來說，
只要感覺對了就可以發生關係（而且妳也願意），
他不覺得事後需要給妳什麼交代、給妳什麼解釋，
「發生關係」跟「變成女朋友」，對男生而言是兩件事，
而女生卻經常覺得是同一件事。

當妳不知道對方是怎麼想的，建議女生先「劃出自己的界線」，

如果妳覺得發生關係是男女朋友之間才會做的事，

那妳就不要在對方還不是男友前發生。

如果妳覺得不一定是男友才可以，感覺對了都OK，

但事後對方冷淡或消失時，妳卻心有不甘、感到受傷，

那妳就要從此學到，妳沒有自己以為的那麼無所謂！

妳沒有都OK！妳是不OK的那種女生，別再誤解自己！

我們是在這些過程中，更加了解自己的。

請妳把受傷的心情，轉移重點到：

「原來我是這樣的女生，我懂了。」

我們藉由曖昧、藉由戀愛、藉由受傷、藉由各種處境，

越來越知道自己是什麼、不是什麼、要什麼、不要什麼，

我們可能會發現「自己跟自己以為的不一樣」，

前提是妳有打算了解自己，而不是只把自己當作「受害者」。

我建議女生不要只習慣於自己是受害者的角色，

要清楚知道在這個過程中「自己選擇了什麼」，

只要他沒有強迫妳，那這就是妳願意且選擇的，

只是最後事情的發展不如妳預期的而已。

有了一次錯誤的期待，再加上自己有了受傷的感覺，

下次就要知道自己的界線在哪裡，

妳越了解自己，妳就會越有原則、越有態度。

#確認雙方對關係的想像，
  不適合就早點說再見

有些女生會誤以為「先給他身體的價值」，

然後「他就會發現我其他的價值」，

以為發生關係會讓彼此的感情大加分，卻往往期待落空。

無論一夜情、找長期床伴、找交往對象，還是找結婚對象，

只要是「需要兩個人一起的關係」，

重點都在於你們「有沒有共識」，

不能只是「其中一方自己這樣想」。

千萬不要雙方都活在各自的想法裡，

最後才發現兩個人要的根本不一樣！

妳想要什麼都沒有關係，重點是兩個人的目標要一致，
才會讓雙方都滿意，不然一定會有人受傷啦！

在相處過程中不斷確認兩個人對這段關係的意思，
再決定自己的角色以及要投入多少，是非常重要的，
而且這是「自己的責任」喔！

你是紳士還是渣？取決於這個

建議男生，如果你想找的是短暫玩伴，
無論是一個晚上，還是互相配合一段期間，
總之只是床伴而不是「女友關係」時，
為了避免糾紛，你得確定女生「跟你有一樣的意思」，
你們必須彼此都同意是這樣的關係。

如果你發現對方根本是隻誤入叢林的小白兔，
她的期待是認真交往的男女朋友，她不明白你想要的，
那你就要懂得適時收手，當個紳士。

想要短暫的關係不是不可以，

但麻煩找勢均力敵也完全同意的對象，

你有沒有這個堅持，對我來說，就是渣男與紳士的差別。

至於女生呢？不要永遠當無知的小白兔啊！

妳得知道，不是每個男生都是紳士。

有些男生就是想利用妳的意亂情迷達到他的目的，

他明明不是不知道妳認真喜歡他，才願意做某些事，

他踩著妳的誤解與無知，得到他想要的，

可從來沒打算發展成男女朋友關係。

跟喜歡的男生曖昧、約會當然很美好，

但有時候妳得多想想，他期待的「是不是也是妳想要的」？

如果對方發現「妳不懂他的意思」、「妳可能會受傷」、

「兩個人沒有同樣的期待」、「妳不是可以那樣的女生」，

於是選擇冷淡或消失，我不覺得這樣的男生是渣男。

他只是發現兩個人的目標不同，

明明可以得手卻願意主動放手，是他有原則，

君子有所為，有所不為啊。

那種明知彼此要的不同，還故意騙到手再裝忙搞消失的，

才是標準的渣男！

男生麻煩也自己換位思考，辨識渣女啦。

🌶 戀愛辣雞湯 ——

什麼話都只聽懂表面？多點腦袋，幫自己內建翻譯啦！

一段關係裡妳有自己的責任，千萬不要只當受害者。

PART **III**

關於 磨合

01

該不該坦承過去？
先搞懂坦承的意義！

坦承兩個人各自的過去重要嗎？

我收過很多類似的困擾，例如有網友告訴我：
「以前不懂事時曾經墮過胎，要跟現任男友講嗎？
　不講覺得過意不去，講了又怕他會介意，該如何是好？」

也有人說：
「跟男友才剛在一起，對方突然說出他以前的黑歷史，
　原來他以前常常花錢買春，我聽了真的不知道該怎麼辦？
　為什麼他要主動告訴我這些？」

#該坦承在一起前的過去嗎？

以前的黑歷史到底該不該主動講？
好像講了沒有比較好耶？因為，能接受的人根本不多啊，
大家還是別高估對方的接受度了。

你一旦講了，對方就一定會有疙瘩，
很多事情講了之後，雙方都不可能還天下太平，
所謂的太平都是其中一方在忍耐罷了，
吵架的時候就突然全部拿出來大噴發了。

「你做過什麼什麼爛事，我都接受你了！你還這樣？」
「你做過什麼我又不是不知道，你果然就是這麼爛！」

哎呀呀，如果你之前都接受了，
吵架就不能拿出來當武器了啊。
但人們就是忍不住，對吧？

所以，不要什麼鳥事都跟你的伴侶講，
保持一點距離，感情才會更好啦。

我是覺得，過去的事情都已經過去了，

跑去跟對方說要幹嘛？

只因為「你覺得兩個人在一起，應該了解彼此過去的一切」？

把過去的荒唐事都講出來，

對兩個人的關係會有什麼幫助嗎？

如果你確定有幫助，那就講吧！

但你肯定就是無法確定，甚至覺得有壞處，你才會猶豫啊！

如果講出來什麼也不會變好，只會讓關係變壞，

可能還會瘋狂吵架，那麼意義在哪裡？

#不要無法接受又要自討苦吃

有些女生喜歡自己跑去打破砂鍋問到底，

硬要把人家的曖昧對象到每任女友全部問過一輪，

甚至在社群軟體上肉搜這些女生，研究個徹底！

別這麼累人了，顧好現在你們之間的關係先吧。

如果是我，絕對不會要求對方跟我坦承一切，

每個人都有想講多少事的自由，

我也尊重他想跟我吐露到什麼程度。

甚至當他猶豫要不要聊起以前，我會搶先說：

「喂喂喂，你再想想喔！再想想喔！

有些不必讓我知道的事情，大家保持一點距離，

真的不用都說出來喔！」（笑）

女生啊，不要去追問自己根本不想知道的答案，

尤其是有關黑歷史或前任的部分。

很多事情，先想清楚，妳去吵、妳去問，

可能會得到什麼答案，

這個答案是不是妳能承受的？如果不能的話又何必問？

大部分的人根本承受不了真相，知道了之後無法接受，

可是明明自己又離不開這個男人，

結果把自己搞得痛苦不堪，幹嘛要這樣庸人自擾啦？

#坦承的意義是什麼？

有網友問我，為什麼我不覺得主動坦承很可貴？

對方願意跟我說實話，

這樣不是代表對方很愛我，所以想讓我了解真正的他嗎？

有些人的坦白，也許是想要傾訴、想要被理解，

甚至是想要討拍拍，

我覺得大部分女生也許比較偏向是這種，

只是妳說出來往往沒有取到暖，甚至還會被嫌棄！

而大多數男性，可能沒有那麼需要傾訴，

尤其是他「現在仍是那個死樣子」的時候，

卻又主動全說出來，

那可能就有別的意思囉。

我聽過的很多案例，

對方都不是因為「我很愛妳，所以我願意坦承一切」，

尤其是男生主動噴出一堆誇張黑歷史的，

對方會願意講，就是想告訴妳「我就是這樣的人」。

我早就全都告訴妳囉！如果妳要繼續交往，

以後就不要再拿這些事來跟我吵囉！我不是沒講嘿！

這就很像手扶梯啦、菸盒啦、投資廣告寫的「免責聲明」，

我都已經先自己講了，以後發生什麼事都跟我無關喔！

先講出來我就沒責任囉！（好聰明喔）

如果坦承的意義就是做出這種宣告，其實也是一個機會，

要是對方真的做過讓妳現在也無法接受的事情，

妳當然可以選擇現在離開！

千萬不要明明心裡有疙瘩，卻還不斷說服自己：

「他會坦承是信任我啊，我怎麼可以知道之後卻離開他？」

「那些都已經過去了，以後他應該不會再這樣了。」

明明過不去卻要裝沒事，

以及抱著想改變一個人的心態是最要不得的，

而且通常會改＆已經改掉的男人，

他反而不會跟妳說這些咧。

#不小心發現他的過去

如果不是他坦承,而是無意間發現,又該如何面對?

有網友分享:

「有次去男友房間,不小心翻到了一盒物品,

　發現全部都是前女友的照片,

　甚至還有一張胚胎的超音波照!

　他才坦承是不小心讓前女友懷孕過,

　後來討論過後,沒有留下孩子,但他保留了這些照片。

　聽完覺得很震撼,腦袋像被雷打中一樣,

　快要無法思考,無法呼吸,

　我真的好希望自己當時不要手賤,跑去亂翻他的東西!

　現在心裡覺得很奇怪,好像無法那麼愛他了怎麼辦?」

是我的話,我還真的不敢亂翻他的東西,

因為我不想知道,對方不想讓我知道的事情,

如同前面我會先說:「不用告訴我喔!」的態度一樣。

這就是一種界線感。

要是真的不小心看到了剛剛網友分享的事情，

我會默默放回去，裝作沒看到，我也不會開口問，

哪天你想告訴我，你就說吧。

不想說也可以，我當然尊重你，

每個人都可以有祕密，尤其那都已經過去。

但如果是一件我不能接受的事情呢？

我會自己在心裡找答案、做選擇，不會正面跟對方吵，

因為吵架也無法改變過去。

不能接受，我就離開，這是我自己的事情。

🌶 戀愛辣雞湯 ──────

永遠不要去追問，妳根本不能承受的答案。

每個人都有祕密，我尊重你，而我也會保有自己的祕密。

02

想跟另一半無話不聊？
其實「男友」不等於「朋友」

常常看到女生抱怨，男友都不會主動分享工作或生活上的事，

問他今天發生了什麼，

都只會回答說「就跟平常一樣，沒什麼特別的」，

在一起越久，雙方卻越來越沒話講，是正常的嗎？

很多女生都覺得，情侶不是就應該無話不聊嗎？

男友不就等於是最好的朋友嗎？我什麼事都想跟他說耶！

為什麼他不跟我說呢？兩個人不是要互相嗎？

萬一他遇到其他聊得來的女生，不會就把心聊走了嗎？

#自己熱愛分享，也要求男友分享，
其實他真的很困擾！

的確很多女生，

很努力把自己生活中遇到的種種瑣事跟男友分享，

想要創造兩個人之間的互動，這樣的出發點當然很好，

但如果變成是強迫男友要分享，你知道他會覺得很困擾嗎？

男生的腦袋跟女生是不一樣的，大部分的女生都喜歡聊天，

尤其是跟喜歡的人聊天，「聊天的本身」就是最終目的，

腦袋想的是：我就是很想跟你講、我忍不住想講，

而且我一定要講。

而男生通常是認為，如果要講，那必須要有建設性，

例如「能夠解決某些問題」，他認為有實質上的意義，

才會願意特別花時間去講，不然就會覺得何必講？

講了又沒什麼意義，我還不如好好休息。

如果他是跟妳分享工作上的事情，萬一妳聽不太懂，

問東問西之後，根本也沒辦法給他什麼有用的意見，

他更會覺得那幹嘛跟妳講啦，實在自討苦吃。

這時候女生可能會覺得，就算不能給他實際的建議，

那也許說出來，可以療癒他的心靈，他會得到放鬆啊？

其實對男生來說，大部分是不會有這種感覺的。

男生本身沒有很喜歡「純聊天」，

他們比較喜歡「為了某些目的才要聊這個天」，

簡單來說，女生的重點是聊天本身，

而男生則把聊天當作一種工具。

所以，女生不要老是怪男生不願意分享、有事都不說，

而要想想「跟妳說到底有什麼意義」、

「妳是能商量事情的人嗎？」，

不要一廂情願地覺得「說出來難道不會比較好受嗎？」，

他還真覺得不會！

#認清楚男友就是男友，
   不是所有角色的綜合體

很多男生不願意「無話不聊」的原因，

就是因為你是他的「女友」，而不是他的「朋友」啊！

很多女生對另一半的想像，都是希望對方
「是男友、是老公、是家人、又能是無話不談的好朋友」，
如果妳把所有的需求、所有的人生角色，
都加在同一個人身上，他壓力也太大了吧！

更何況，妳其實很難找到一個人，
可以同時扮演好這麼多功能啊！

而且也就是因為妳老是要把所有功能，灌在同一個人身上，
除了會永遠覺得對方的時間都不夠給妳以外，
每次失戀，就會像是失去全世界，
因為妳失去的不是只有男友啊，
而是生命中的其他角色都失去了！

#妳的人生不是只有對方一個人

很多女生不小心就把人生的所有重要角色，
全部放在同一個人身上，也就是自己的男友、老公、伴侶，
因為這樣比較方便省事嗎？

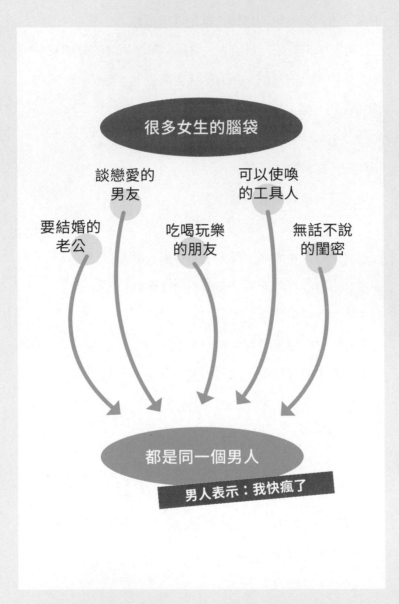

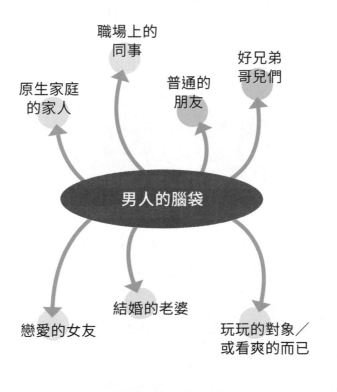

一切都是分開的

而男生則通常把這一切分得很開。

對他來說，有些話題就是只適合跟朋友說，
而不可能跟女友說，他總不可能跟妳說：
「剛剛路上看到一個超正的妹，身材超讚的啦！」
還有一些不切實際、純打嘴砲的話，
當然只能跟好哥們講啊！誰要跟女友「無話不聊」啦？

情人就是情人，朋友就是朋友，
妳永遠要用情人的視角看他，
也永遠要用情人的方式跟他溝通，絕對不要用朋友的方式，
因為他不是妳的朋友，他是妳的情人！

「男友可以是最好的朋友」，我覺得這真是天大的誤解。

如果男友就是妳最好的朋友，也許是妳根本沒什麼朋友？
不然，為什麼不朋友是朋友，男友是男友呢？
而且，朋友圈裡面，還是有各自不同功能的朋友啊！

不要把男友當最好的朋友，不管做什麼都要男友陪，

妳的世界會小到只有男友一個人，

只要他一忙，妳就太無聊，於是忍不住一直追問他的行蹤，

這樣的角色分配，不只對妳沒有幫助，對他來說也很累啊！

如果人生就像調色盤，把每個顏色分開才會多采多姿，

比方家人是灰色、朋友是白色、男友是藍色、同事是粉色，

這些顏色的揮灑，會讓妳的人生美得像一幅畫，

可是如果把這些顏色全部攪和在一起，

最後只會變成一坨髒兮兮的混亂喔！

試著把「妳人生中會來來去去的各種角色」都分開來吧！

＃有些事，
妳就不能自己消化或找別人嗎？

看到這裡，別誤解成是不要跟伴侶聊天，不是的，

而是拿捏好妳是在「跟伴侶聊天」。

他不是「妳的閨密」，不用整天跟他吐苦水、講八卦，

也不要把他當垃圾車，什麼狗屁拉雜事以及負面情緒，

想到就往他身上丟，他當然會覺得有點累。

更不要「只有」柴米油鹽醬醋茶、三餐吃什麼，
如果你們沒有更深層的心靈交流，
熱戀期一過就會平淡如水，
最後變成最熟悉的陌生人。

真要聊天，除了生活瑣事，
還可以多多分享彼此的思想、價值觀、人生態度，
簡單來說，就是去了解各自的靈魂，多一點心靈交流。

如果妳所謂的分享、所謂的互動，
都是一些雞毛蒜皮到不行的小事，
甚至是一些不需要讓他知道的鳥事，
例如各種女生朋友的八卦、自己長痘痘、便祕、
哪邊又發現了一塊斑，哪裡竟然有橘皮……
都要一五一十地分享各種細節（他真的有想聽嗎？），
這樣的「無話不聊」，對你們的感情根本沒有幫助啊！

這些事，妳不能自己消化，
或者去找也喜歡討論這些事的女生朋友嗎？

除非他也很喜歡這樣的互動，偶爾當作情趣玩玩還行，
但好多女生，都會逼迫伴侶必須認真聽、還要給回應，
他若只是敷衍，妳就不開心，他說實話，妳又更生氣，
抱怨對方這樣沒有「求生欲」、「直男都不懂」，
逼得男生只好整天說些善意的謊言，
結果彼此越來越缺乏真實的交流。

老是把「直男」掛在嘴邊的人，
難道妳就很懂男生的世界嗎？
多少女生連好好陪男友看一場球賽都不願意，
他打個手遊妳就狂碎念，
妳會不會也是個「直女」？根本搞不懂男生是怎樣的生物呢？

為什麼男生就要懂女生，而女生卻不用懂男生？
凡事都要互相啊，這是建議大家反思的。

#無話不聊應該是心靈交流，
  而不是只有日常瑣事

戀愛是建構在一些美好的想像上，你不用在他面前當女神，
但至少要做個有情趣的女人，保留一些想像空間，
和對方保持情人的神祕感、親密度和特殊性，
不要輕易地變成了毫無激情的「家人」。

人與人交往的新鮮感，是會隨著時間越來越少的，
光是要保鮮就很難了，更沒有必要瘋狂往反方向去啊。

真正能讓關係進展的對話，應該是更有意義的心靈交流。

你們對很多生活上的事情，應該一起做有建設性的討論，
通常男生很喜歡跳下來一起解決問題，
而不喜歡女生純粹向他倒垃圾和抱怨（到底誰喜歡啊？），
先從一起解決生活上的問題開始，
也能開啟你們的溝通模式。

先能溝通日常生活上「實質的事情」，

再開始溝通其他「心靈與價值觀的事情」，

最後才是「需要想像的、還沒發生的、屬於未來的事情」，

先能商量小事，然後進入心靈層次，

最後才能一起討論未來嘛。

如果你們平常都只有聊生活瑣事，

根本很少進行什麼「有效的溝通」，

然後妳突然跳到要他思考未來

（要不要結婚、生小孩之類的），

他肯定先錯愕，再回答妳「順其自然」。

而且妳也可能根本不知道實際要討論什麼，

妳只是把問題丟給他而已。

如果妳考慮跟對方結婚，平常就應該多聊聊對未來的期待、

對家的想像、對生養小孩的看法，以及金錢方面的價值觀，

不一定是很正經嚴肅地開話題，

隨意看新聞、看電影、追劇時，

看到相關情節時就可以順口聊聊。

「剛剛新聞說現在生育率很低，好多人選擇不生耶，

　你覺得呢？你會想生小孩嗎？生不生你覺得重要嗎？」

　如果他說：「嗯，這樣看一看我也不太想生耶，

　好像沒什麼好處，只有壞處啊。」

除了知道他的初步想法，你們可以繼續深入討論，

「那會不會覺得不生小孩有點遺憾啊？還是沒差？

　你覺得最大的壞處是什麼啊？

　是經濟部分會馬上受影響嗎？」

這個議題很大很廣，有太多太多可以交流的部分了！

總之，開啟話題之後，不設限地聊下去吧！

妳不是很愛聊天嘛？怎麼不多聊跟「彼此真正有關的事情」，

以及「可以更了解對方內心想法、各種考量」的事情，

而要花那麼多時間講別人的八卦或沒營養的東西呢？

這些交流可能就是你們對未來的想像，

你就會知道彼此的人生規劃和價值觀是否契合，

如果雙方想法不一樣，也完全不必當場否定他，

就聽聽他怎麼說，自己也說出想法，重點在於：互相討論。

很多情侶都不花時間討論這些事，
卻又一直逼對方給妳未來，不是很奇怪嗎？

你們應該有好多可以交流的話題，
真的不會只有朋友的八卦、擠痘痘、便祕這些鳥事，
「不是不能有」柴米油鹽醬醋茶，是「不能只有」這些啊。

想通這個點之後，
妳就不會搞不清楚對方在妳人生中的角色，
或對這段關係有不切實際的期待，
妳會跟他進行有意義的溝通與對話，
這樣比形式上的「無話不聊」，對雙方來說都更有價值！

🌶 戀愛辣雞湯 ────

什麼都要跟伴侶說出來才覺得好受？就不能自己消化嗎？

人生就像調色盤，把每個顏色分開才會多采多姿啦。

03

男友很被動？他不會通靈，
想要的儀式感自己創造！

「我的男友很沒有儀式感，也不喜歡過節，

　　如果在情人節或生日當天，他什麼表示都沒有，

　　我會覺得很難過，感覺不受重視耶！」

「男友沒有各種節日要送禮的習慣，

　　但我真的好希望男友能夠送我東西，但又不知道該怎麼說，

　　自己開口要禮物超怪的！

　　為什麼別人的男友都不會讓人失望？」

妳是不是有同樣的困擾呢？

其實，女生別這麼糾結了，妳想要什麼就該自己主動說出來。

告訴他妳很在乎節日，妳很希望他在節日那天做些什麼，
這樣的話妳會覺得很幸福、很開心，好不好、可以嗎？

如果連表達這種過節的期待，對妳來說都這麼不容易，
那你們之後的相處會有更多需要溝通的，
難道也都要這樣悶著不講嗎？
「無法溝通」的關係，是最不健康的關係啊！

#抱怨男友很被動，
　　那妳為何不能主動？

很多女生都會抱怨男友很被動、很不貼心，
因為他沒有按照妳心裡想的劇本，
在對的時間做出妳想要的舉動，
例如生日沒驚喜、週末沒安排出遊、情人節也沒送禮。

拜託！不要再期待男生什麼都要主動幫妳做好做滿，
從噓寒問暖、計畫出遊、過節送禮、家事分工，
再到親密的事，全都一樣啊！
妳都覺得是男人是要「自動自發」？

妳只要負責坐享其成就好了？

大家能不能互相一下嘛！

如果妳總是習慣不講出來，要他自己懂、自己猜，

他又不會通靈，怎麼會知道妳的需求是什麼？

我覺得就算說出需求，都未必能相互理解了，

更何況妳是連「說出來」都不願意，這更是天大的阻礙耶。

男生真的很需要「明確的指示」，

而不是「根本聽不懂的暗示」，

如果他願意做，也做得不錯，

請好好表達妳的開心與幸福感，

他一定也會很開心，畢竟，誰不想被肯定呢？

但如果妳只會被動地等他自己猜到加做到，

那通常妳只會啥都沒等到，還會整個氣到！

其實這種被動的心態，是個很不好的習慣啊。

「期待著別人來給自己幸福」，再加上一堆「應該邏輯」，

例如:「男友不是就應該XXX」、「生日不是就應該XXX」,
但這些都只有男友「應該」對妳,妳從來都不會這樣對他?

用這樣的「應該思維」過生活,只會不小心把人生活成:
通靈式戀愛、通靈式婚姻、通靈式育兒,
妳老是期待著什麼也不用付出,只靠一大堆「應該」,
這些人生大事就會順利美滿嗎?

別人一定要「主動」把妳想要的送到妳面前,
否則妳就拚命抱怨,
別人應該怎樣怎樣、他為什麼沒有怎樣怎樣,
其實「別人不欠妳」,哪來什麼應該?

我覺得男友、老公、老闆、家人都一樣啊!
沒有那麼多應該。

他沒有打算來接妳,妳可以主動說:
「今天可以來接我下班嗎?」
他總是沒打算過節或安排出遊,妳可以主動規劃:
「我們這週末去這裡,然後去吃這個好不好?」

因為，這些是妳想要的，妳來主動讓它實現很正常啊，
自己想要的，卻等待別人來實現，比較奇怪吧？

兩個人之間沒有什麼誰應該主動、誰應該被動的問題，
是妳自己想要的東西、妳想要的生活，
那當然是妳要主動追尋，而不是坐在那裡等別人給妳！

＃要對方做什麼之前，
　　先問自己做了什麼？

當我們過了願意主動的這個檻之後，
女生可能會說：「其實我有說啊！我也有主動啊！
但他還是什麼也沒做！」

其實不少女生的情況都是這樣，
例如明明希望跟男友一起出遊，
卻只是丟了一句：「我們要不要出去玩啊？」

但自己根本一點想法都沒有，只想著「要出去玩」，
但是去哪裡、做什麼？不知道！

只是起個頭，就把整個任務都丟給男友。

這樣妳雖然是「主動」開口了沒錯，
但妳還是把所有規劃的任務全丟給對方，
等對方幫妳實現啊！
要是男生也沒什麼想法，最後可能又氣噗噗地收場。

其實，就算妳還沒有很具體的想法，
也可以至少提供一個方向，
例如：「週末我們去郊外走一走好不好？
最近滑 IG 有看到一個新景點耶！你看一下，你覺得呢？」

把對方拉進來一起討論，順便把一天的行程給規劃起來，
這樣才是有效的溝通啊！
不能只是出張嘴、起了一個頭，就要別人幫妳解決問題啊！

如果是想要跟他一起好好過情人節，
妳不應該只說：「情人節有要幹嘛嗎？」
而是可以主動說：「我們情人節要不要去餐廳吃飯喝酒？
然後你那天可以送我情人節禮物嗎？」

如果這時候男生問妳想要什麼，

妳就直接告訴他妳最近想要的東西，

或提議當天一起去挑吧！

如果妳想要的一切，他覺得太貴、太麻煩、沒必要，

真的沒有關係，至少在這個討論的過程中，

妳知道他能接受什麼、不能接受什麼，

他的標準可能是什麼，雙方都能趁機協調，

總比他不知道妳想要什麼，妳整天生悶氣來得好。

就算是發現了彼此的需求與價值觀，真的怎樣都對不起來，

因而覺得彼此不是很適合，也不是壞事啊。

#主動要來的沒價值？
   女人就該等著被寵愛？

有些女生會覺得，這樣就是自己開口要來的，

不是對方主動給的，這樣就沒那麼有價值、沒那麼可貴了？

主動要來的就會沒價值？

我倒覺得彼此一起喬出來的共識，

而且確定彼此是能溝通、能商量事情的，很有價值。

如果他本來就會主動，今天妳也沒這些困擾了，

明知他不會，妳還是堅持要等待，那實在是無解了，

可能換個男友比較快？

「女生什麼都不該做，只要等著被男生寵愛就好了！

　他愛我，就該主動幫我想到、做到啊！」

其實這不過是情緒勒索罷了，女生自己不覺得嗎？

而男生呢？是不是常被這樣勒著脖子，卻也百口莫辯？

「你沒主動想到、主動買給我，就是不愛我，

　你愛我，就應該怎樣怎樣，人家誰誰誰的男友都有這樣。」

我是沒看到愛在哪裡，只看到以愛為名的理所當然，

腦袋不小心一直這樣想的人，可以誠實面對一下自己，

妳要的是愛？還是物質？

即便妳是以愛為名，如果想要的單純是物質，其實很好處理，

怕的是「妳需要這些物質與形式才能感受到被愛」，

或者妳想要凸顯的是「朋友圈裡的價值」，

而不單單是想要物質。

如果男生沒有準備，妳是不是就會覺得男友對妳不好？

覺得男友不愛妳？

妳是不是被形式綁架了，而經常忽略對方的真誠？

又或者，其實妳從來就不知道怎麼辨別真誠，

所以只能靠物質判斷？

得到這些儀式感與物質後，

妳開心的不是他的心意，而是想要趕快 PO 到社群？

妳是真的喜歡這些儀式感嗎？

這些東西能讓妳打從心裡快樂嗎？

還是妳只是希望別人看到「我男友很愛我」、「我很幸福」、

「那個誰有的，我也有！」、

「跟誰誰誰比起來，我可不能輸！」

這一切無關愛或不愛，只是妳想炫耀的素材？

獨立，不等於跟愛情誓不兩立！

我知道很多人難免會陷入這樣的同溫層比較裡，

而且有時候難以誠實面對自己，

因為要揭開自己是很難的一件事情，

我只是覺得，如果妳重視儀式感、禮物、炫耀性，

多過於對方的真誠，是一件很可惜的事情。

#幸福有很多種方式

想要的生活從來不會從天而降！

別的情侶擁有他們的幸福，絕對不是憑空得到，

妳怎麼知道他們不是經過吵架、誤解、溝通、協調，

最後才獲得共識的？

有次看朋友結婚紀念日收到花，

我問：「老公今年這麼有心啊？」

她回：「還不是我直接開口的！不然他根本不會記得！

我還直接指定要什麼花、叫他去什麼花店買，

只差沒直接訂好叫他去拿！以免收到的時候醜得要死！

哈哈，總算如願在紀念日收到一束美美的花。」（笑）

她也是花了幾年，

才從「期待老公主動」變成「不如我來主動」，

以前重要節日她老是在生老公氣，

現在換了方式，她反而覺得老公很可愛，

其實不過是自己換了思維罷了。

妳看到的「別人的幸福」，可能是這樣來的，別光是羨慕！

自己也去創造自己的幸福感吧。

> 🌶 戀愛辣雞湯 ────
>
> 其實無關愛或不愛，他只是妳想炫耀的素材？
>
> 不排斥自己主動的女生，其實戀情往往順利多了！

04 ——————

妳以為是為了對方好，
其實是在找架吵！

很多人交往之後，老是想把對方變成「自己理想中的樣子」，
而不是去接受「他本來的樣子」。

例如女生當初喜歡男生的老實，
交往之後又要他多說甜言蜜語，
喜歡事業發光發熱的忙碌男生，
卻又抱怨他為何不能多陪陪自己。

其實你們認識的時候，不就知道對方是怎樣的人了嗎？
甚至，妳還是因為他的這些特質才喜歡他的呢。

是自己選擇了這樣的他！
為何又要在交往後，進行大改造呢？

戀愛是去找一個適合自己的人，

不是把對方改變成自己要的樣子，

相對地，妳也應該保有妳原本的樣子，

找一個「喜歡妳就是妳」的男生。

男女都一樣，如果你跟一個人交往，

只是在努力把對方變成你的「理想型」，

那為什麼不乾脆去找「原本就是你的理想型」的人呢？

#我是為你好？

不少女生都問：「如果討厭男友或老公抽菸該怎麼辦？

明明已經勸很多次了，對方還是不願意改，

或者趁我沒看到跑去偷偷抽！把我氣個半死！」

「我是為他好，這樣難道不對嗎？」

從妳的視角來看，的確是為了他的健康著想，

不過他都幾歲了，難道他不知道抽菸對身體的影響嗎？

但那就是他的人生選擇啊！

這麼說吧，如果我個人不喜歡菸味，

看到自己的另一半抽菸，我會很痛苦的話，

那我一開始就不會去選擇會抽菸的男友。

我絕對不會自己選了這樣的男友，

再要求「應該為了我戒菸」，

只因「我是為你好」。

想想看，我們的爸媽，從小說了多少「我是為你好」的要求，

要我們放棄自己的自由、喜好、想法、個人選擇？

如果妳曾經覺得那樣很痛苦，那妳也不要這樣對別人。

不只是抽菸啦，換作他其他的興趣、愛好，都是一樣的道理，

一開始就要看這個人「是怎樣的人」，不要想改變他。

用女友的方式溝通，
　不要用老媽的口吻說教

交往後，即使有些事情，真的希望對方做點改變，

請用「女友」的方式溝通，不要用「老媽」的口吻說教！

不然整天碎念真的很令人抓狂啊！像是：

「不要又吃那些沒營養的垃圾食物啦！多吃青菜水果！

　工作再忙也不要那麼晚吃，把身體都搞壞了，

　你現在不好好照顧身體，這樣以後老了怎麼辦？

　你看看你又……」

「你可不可以不要都不先跟我說？

　我這樣都不知道你幾點要回來，

　其實說一聲沒有很難，你就不能先報備嗎？

　你知不知道我這樣會很擔心？

　同一件事要我講幾次你才會……」

是不是覺得很熟悉？男生可能常聽到，

女生則可能常掛在嘴邊，都不覺得這樣有怎樣。

很多人在當了女友之後，心態上卻不小心變成對方的老媽，

把男友當小孩在管，一堆規定加一堆限制，

不只生活習慣要管、出門要報備，

只要看到哪裡不順眼，就會開啟碎念模式，老是念個沒完。

曾有網友跟我抱怨男友很難溝通，只會跟她冷戰，

有時候講一講還突然吼她：「是夠了沒啦？」讓她覺得很委屈。

但當我看了她傳給我的對話紀錄，滿滿的都是這種碎念時，

我突然明白了為何對方會這樣，並且也發現了，

原來很多女生以為這種「劈里啪啦的碎念」，

竟然叫「我在跟他溝通」？

這只是單方面噴發自己的抱怨（或期盼），

根本不是溝通啊。

女生如何修正自己的碎念模式？這些例句就別說了吧：

「你可不可以不要……」

「你為什麼都要……難道就不能……」

「你看看你，每次都……你為什麼都不會……」

碎念模式裡，除了藏有很多「規矩」，還有很多「責備」，

不然就是一堆「抱怨」，更有非常多的「否定與質疑」，

所以誰聽了都蠻不舒服的，只會很想逃走啊。

拜託，無論男生女生，都要記住你們是在戀愛，

不是在找老爸老媽，當另一半老是用「管教」的方式對你，
這一定不會是一場美好的戀情。

#不要一秒就生氣，
　　要懂得以退為進

別說碎念了，有些女生甚至不懂得控制自己的情緒，
遇到問題一秒就暴怒，習慣用發脾氣去面對問題。

哎呀，我們的人生已經夠苦悶了，
誰喜歡有個未爆彈在身邊，有事沒事就發飆啊？

喜歡直接噴發情緒的人，真的就是太缺乏情商，
一點謀略和彈性都沒有，其實可以換個方式去達成目的。

碎念不是種溝通，發飆當然也不是，
女生別再誤會「要對方照我希望的做」就叫溝通，
那叫「你給我聽話」！

如果我們不喜歡這種「老是要你聽話就好」的男生，

也不喜歡只會要我們「你聽話就對了」的父母，

那我們自己是否也不要成為這種人？

真的為他好，就用他聽得進去的方式溝通。

🌶 戀愛辣雞湯 ─────

很多時候妳是出於好意，但卻吵到無情無義。

內心堅定並用柔軟的方式執行，往往能更快達成目的。

很在意他的前任？
你們的未來比過去重要！

每次談到前任的話題，

很多女生都覺得前女友是可怕的大魔王，

男友怎麼可以跟她還有聯絡？怎麼可以還關注她？

怎麼可以忘不掉她？

怎麼可以在心裡幫她留一個特別的位子？

男友如果不小心提到前女友，就開始胡思亂想：

「我們都交往四年了，他竟然還會提到前女友是什麼意思？」

「男友突然說到他前女友很會做菜，

　是白目還是故意說給我聽啊？」

其實有時候男生真的沒想那麼多，他只是在講「有這件事」，

類似「我有個朋友很會做菜」的意思，

但女生卻會把重點放在「前女友」，讓自己氣到快內傷。

我只能奉勸所有男生，不要再提「前女友」了啦！
你就不能用個「朋友」帶過嗎？沒事找事啊你。

至於如果他就是不小心脫口而出了，我可能會裝作沒聽到，
如果真的很受不了，就乾脆直接一點說：
「喂～不要再給我前女友了啦，我沒有要聽喔～
　再給我講，小心我把你變前男友！」（笑）
可愛可愛地嗆他一下，他就懂了啦。

真的不需要一秒就生氣大吵，
或假裝沒事但自己又悶悶不樂喔。

最愛是她？
　 沒關係，現在是我們在一起

女生常擔心男友心中沒把舊愛忘掉，我建議妳換位思考，
如果妳曾經很愛很愛一個人，或是在一起很長一段時間，
會想到他、記得他、甚至心裡留了個特別的位子給他，

不是很正常的嗎？

曾經有那麼真摯的情感，怎麼可能忘得一乾二淨呢？

就算男友最愛的是前任好了，那也沒關係啦，
你不要在我面前說，我也不會多問，
正常來講，我根本不會知道，
太多女生都是自己硬要去問、去比較，最後又自己受傷。

沒辦法接受男友最愛的是前任？
其實妳心中最愛的那個人，也未必是現任啊。
妳最愛的那一任，有可能只是時空背景的因素，
當時只能放手，
把那些美好封存在記憶裡，偶爾還是會想起他，
甚至偷看他IG，但這並不代表還想跟他重新開始啊！

對於各個美好的前任（爛前任大可不必），
我建議就保持一種
「相見不如懷念、懷念也不用見面」的心態就可以啦。

我會尊重他與前任的過去與記憶，

不會去否定他們曾有的美好，

他的心靈還有一點留戀沒關係，行為上不要留戀就好，

只要他沒有踩到這條線，我真的覺得無所謂。

聰明的女生，也不要去問一堆假設性的比較問題，

例如他對前女友比較好，還是對妳比較好？

她比較漂亮還是妳？他比較愛妳還是她？

這些無聊的幼稚問題，真的對你們的感情一點幫助都沒有。

而且，這樣還會一直提醒他去「溫習」前女友的一切，

根本就是搬石頭砸自己的腳！

所以，真的不要沒事自己一直提前任，你們沒差這個話題吧？

就是因為他的各個前任，才成就了現在妳愛的這個人，

如果他是一個在感情裡各個部分都相對成熟的人，

他肯定不是第一次交女朋友。

他在各方面都變得更好、更貼心、更能溝通，

也是在一次一次的戀愛當中成長和學習的啊！

我們自己也是，不是嗎？

只要前任沒有影響現在的你們，
只要他現在愛的是妳，那就夠了，
別再整天自己跑去糾纏他的前任了！

#設下關於前任的底線，
　　別讓過去影響你們的關係

所以，重點在於「不要讓前任影響你們現在的感情」，
男生不要一直在女友面前提前任，
誰都不要一直拿現任跟前任做比較。

但我們內心要做的是「放下」，而不是「遺忘」，
放下只是不要讓我們的過去，阻礙我們前進，
不代表我們就得把一切忘得乾乾淨淨。

懂得尊重對方的過去，才不會讓前任變成你們之間的陰影。

#前任大魔王？
都是自己想的

女生千萬不要把前任當成自己的心魔，

更不要因為前任的各種好，而否定自己的價值。

（沒事不要自己跑去肉搜人家，再說天啊她好正，

我怎麼比得上她？）

把花在關注前女友的時間，拿來經營你們的關係啦，

你們感情好，前任就越來越模糊，

你們感情不好，前任就越來越值得懷念！

感情不好的話，根本不需要前任，你們自己就會走到分。

對於前任，我的容忍標準是：

還會想到、還有記憶、沒有取消關注、沒有刪聯絡方式、

有共同的朋友、偶爾還會聯絡、心裡有一個特別的位子，

以上都是可以接受的。

但如果一直想、一直講、一直去看社群、一直拿來比較、

一直聯繫甚至曖昧、一直向共同朋友打聽、偷偷單獨見面，

我對於前任的容忍標準

可以接受的	不能接受的
還會想到 （不必跟我說）	一直想一直想 影響到現況
還有記憶 （不必跟我聊）	一直講一直講以前 愛做比較
沒有刪除她的社群	社群一直一直去看 次數太誇張
心裡有個特別的位子	心中有特別的位子 還一直強調
還有她的聯繫方式	一直聯繫一直聯繫 甚至曖昧
之間還有共同朋友 偶爾聊到前任現況	一直跟共同朋友打聽 態度可疑
非常偶爾還會聯絡 （不必跟我說）	欺騙我 而偷偷單獨見面

　獨立，不等於跟愛情誓不兩立！

這些就絕對不行！

我的原則很明確，

就是他的過去「是否影響了我與他現在的關係？」

＃過不去？
那就表現出來吧！也不要硬吞

就是因為太多人過不去這個心魔了，

所以有前任的人，就好好拿捏自己的行為，多一點防備吧！

不要前任跟你發生過什麼、前任對你做什麼，

都一五一十告訴現任，你以為是在分享、是在聊天，

卻很容易在現任心裡種下不快樂的種子耶！

我們還是別太高估對方的容忍度了。

如果妳真的對前任很吃醋、很介意，那我覺得就表現出來吧！

不需要假裝大器、悶在心裡，

怕自己小家子氣或太過幼稚，而壓抑自己的情緒。

如果妳在這個人面前怕這個、怕那個，沒辦法做自己，

怎麼能期待這個人成為妳的人生伴侶？

乾脆坦然告訴他，妳的脆弱、妳的擔憂、妳的吃醋，
因為妳就是喜歡他，所以會吃醋嫉妒、會有佔有慾，
明明就正常到不行，幹嘛要假裝自己不在乎？那才更幼稚。

🌶 **戀愛辣雞湯** ───

放下並不代表我們要遺忘，是過去成就了現在的自己。

心裡還有前任沒關係，反正現在是我們在一起。

　獨立，不等於跟愛情誓不兩立！

06 ——————

一直想看男友手機？
讀出不安全感背後的訊息

為什麼很多女生喜歡查看男友的手機？

是因為很沒安全感，

希望對方的一切都在自己的掌控之中嗎？

但看了對方手機，對裡面的訊息疑神疑鬼，

又很怕對方是不是已經刪掉了什麼，老是弄到吵架，

吵完之後又沒辦法離開他，這樣真的會更有安全感嗎？

我不會去看男友手機，

我覺得每個人都應該保有自己的隱私。

同樣的道理，我的手機也不會給你看，

有人會說，如果手機裡沒什麼，為什麼不能看？

因為我的人生不是只有你，我需要自己的隱私，

我跟我的朋友、我的家人講了什麼，不見得都想讓你知道。

這是「個人隱私」需要被尊重的問題，

如果你非看不可，非得用這種方式才能信任我，

那還是別在一起了。

對我來說，這是一種界線感。

#監控對方的手機，
   真的能換來安全感嗎？

很多女生，每天都監控男友手機裡的所有訊息、所有行程，

可是卻對男友本身一點也不了解，兩人之間沒什麼共同話題，

因為花了大把時間都在了解對方的手機，而不是他本人。

如果妳很沒安全感，為什麼不能從平常的相處，

去發現兩個人感情出問題的蛛絲馬跡，

一定要靠監控對方、侵犯對方隱私的方式呢？

妳真的有認真在跟對方過生活嗎？

還是都把心思放在查勤上呢？

妳拚命想留下他的人，可是卻長期忽略他的心？

「如果不看手機，怎麼知道他有沒有跟別人曖昧？」

「如果不看手機，我就抓不到他還跟前女友聯絡了！」

「如果不是看他手機，我怎麼知道他有沒有對不起我？」

我知道這是大部分女生，會覺得必須查看男友手機的原因，

因為能夠「抓到什麼」，以免自己被矇在鼓裡，

也因為「會被查看」，所以男友可能比較不敢輕舉妄動。

但如果妳只能藉由看手機，才能判斷男友愛不愛妳，

那妳應該先想想，你們平常的相處怎麼了？

或者其實，妳早就知道了些什麼，

妳只是心裡過不去但又離不開，

所以至少他的手機裡不要有什麼？

每天查看，是妳僅存的安慰，至少看起來像沒怎樣就好了？

但其實他只要一出門，妳都很擔心害怕，

這樣的關係，是好的嗎？

如果他也是因為妳會監控，所以才不做什麼，
而不是他內心自己不想去做，
只要逮到機會，他可能還是會去做，
這樣的對象，真的是妳需要好好把握的人嗎？

而且要讓手機看起來「清清白白」還不簡單？
真正的偷吃專業戶都知道要隨時刪訊息，
不然也可以準備另一支手機，
只要手機沒事，妳就相信沒事嗎？
這樣的安全感，真的有意義嗎？

#先選擇，再努力

一段好的關係，應該是即便妳不看手機，也不會覺得擔心，
關鍵就在於「對方是個怎樣的人」。

我強烈建議女生對於感情，就跟我的職場邏輯一樣，
都要：「先選擇、再努力」。

先選擇一個「道德觀、人品都很好的對象」，

再去為這段感情努力，

而不是選了一個「妳明知有問題的對象」，

再瘋狂地努力「讓他不要怎麼樣」。

每天都要查看男友手機才睡得著的人，請自己問自己！

妳有先選擇、再努力嗎？

還是妳每次都是瞎了眼，然後又要硬凹？

所以妳的努力，

都只能放在「監控對方的行程、查看對方的手機」，

妳根本沒心思去好好談一場戀愛，

而且，妳多數時候很都沒安全感？都很不快樂？

快樂對妳來說太奢侈了，

只要對方不要偷吃，妳就阿彌陀佛了？

難道，這就是妳要的愛情嗎？

與其討論看手機到底合不合理，

我真的建議女生把思考的重點放在：

妳到底為什麼那麼沒安全感？

找出真正的原因，無論是因為對方或自己，

對症下藥，才能真正解決問題。

看手機，從來都只是治標不治本而已。

#從自己的不安全感裡，
  找出建設性的訊息

如何從不安全感裡，找出對自己與彼此的解析？

可以參考這個案例。

有網友告訴我，男友公司來了一位漂亮的女同事，

根據對男友的了解，她根本就是男友的理想型！

而且他們都會一起參加同事聚餐、各種團體活動。

一想到男友會跟這個女同事有互動，她就非常非常在意，

突然變得很沒有安全感，以前從沒有這種感覺，

但是又不知道該怎麼跟男友說，畢竟他們又沒有發生什麼。

她以前從不是那種會想看男友手機的女生，

現在突然明白了，真的會每天想要偷看他的手機！

想看他們同事群組裡都在聊什麼，

更想確認他們有沒有私聊的訊息。

整天把自己搞得神經兮兮，連男友也察覺到自己的不對勁！

重點是自己真的很痛苦，

變成了以前自己很討厭的那種超沒安全感的女生，

怎麼會這樣？該怎麼辦？

男友身邊出現了一個「勁敵」，

這種情況應該很多女生都遇過吧！

當妳產生了強烈不安全感、每天擔心受怕的時候，

妳可能會發現，自己並不是「不會想查看男友手機」，

只是以前覺得很安全，所以不需要罷了。

一旦危機意識來臨，其實自己也會做一樣的事。

那到底該怎麼辦呢？

我建議應該藉著這個機會，檢視自己跟男友的關係：

1、為什麼覺得那位女同事是男友的理想型？哪些點？

她有哪些地方是比自己好的？

具體是哪些地方讓自己感到威脅？

能不能把自己這些地方也變好？

2、為什麼覺得男友可能會被搶走？

妳跟他之間是否有什麼問題，只是一直沒說開，

但卻是個隱藏危機？

你們之間的關係是否不夠緊密？是否已經越來越平淡？

網友思考過後，覺得女同事除了外表是男友喜歡的類型，

個性跟愛好也都剛好跟男友很合，

他們之間可以有很多共同話題，

而且很多事情是他們可以一起做，但自己卻沒辦法的，

所以很怕男友會覺得她更適合他。

加上自己跟男友已經交往很多年了，

現在處於有點平淡的關係，

沒有像以前熱戀期那麼有火花了，

說到關係的緊密度，現在好像只剩下同居的熟悉感，

也就是說，男友隨時變心都是有可能的！

這一切都讓她真的很惶恐。

我說，那非常好啊，妳其實很了解男友，

而且也能客觀地分析彼此目前的關係，

不是那種慌了就只會胡思亂想的女生，

我覺得妳的條件肯定也很不錯，

只是出現了足夠跟妳競爭的對手！

從妳的分析看來，重點在於妳覺得那位女同事，

「其實比自己更適合自己的男友」，對吧？

而且妳清楚知道是因為哪些原因，她好像更適合，

所以才那麼害怕。

1是他們有共同興趣跟話題，2是妳跟男友已變得平淡無

趣。

那麼，不就有很明確的努力方向了嗎？

我們怕的從來都是不知道問題，

只要知道了，就先別害怕，而是去努力！

妳覺得那些更適合的部分，就是妳可以做的啊。

妳也可以努力去參與男友的興趣和愛好，

跟他創造共同話題啊！

或者找到一個新的項目，是兩個人都很喜歡的呀。

如果覺得兩個人之間很無趣，

那就多安排一些活動增加情趣，

平常別因為安於現況，就覺得這樣也好好的啊！沒差吧？

然後強勁對手出現才嚇個半死，

感情本來就是需要長期經營的，

不是在一起之後只要擺著就可以。

只要你們之間的關係有問題，任何人都有機會趁虛而入，

妳盯上了這個女同事，還是會有下一個。

這樣看起來，這個競爭者的出現是件好事啊！

讓妳有機會檢視自己跟男友的關係，發現自己的不足，

讓妳有機會趕快去調整，這不是比看手機更有建設性嗎？

很多人在遇到上述情況時，

無論對方是女同事、女同學、前女友，

並沒有這樣理性地去分析彼此的現況，

而是想盡辦法「禁止男友與對方互動」，

然後用監控手機來確認，其實除了治標不治本，

還會更提醒男友：她就是很好，我才那麼在意。

女生真的不要再糾結於看對方手機，想要防止男友不忠，

把心思拿來提升自己、增加彼此的緊密關係，

妳就不會輕易感覺到被威脅，而那麼沒有安全感。

安全感從來都是自己給自己的，不是跟對方要來的，

沒有人可以填補妳自己內心的缺乏，更別說是恐慌！

當妳沒把自己的課題處理好，不管跟誰交往都不會快樂啊。

🌶 戀愛辣雞湯

妳拚命想留下他的人，可是卻長期忽略他的心？

感情跟職場一樣，都要先選擇、再努力！

絕對不要住他家！
跟對方家庭的界線感

很多情侶交往一陣子後都會選擇同居，

原因不外乎省錢、方便，不用老是到外面約會，

又可以整天黏在一起，把相處時間拉到最長。

也有些人是想「試婚」，試試看兩個人適不適合一起生活。

但有些女生是直接搬進男生的原生家庭裡面，

和他的爸媽、兄弟姐妹、阿公阿嬤住在一起，

拜託！千萬不要！

#那不是男友自己一個人的家

很多女生沒有覺得「那是別人家」，

一直覺得「我是去跟男友住」、「那是我男友家啊」。

但男友家，從來都不是男友「他自己一個人的家」，
那其實是「他父母的家」，男友只是沒有離家搬出去，
這跟妳搬去男友自己在外面租的房子，是完全不一樣的啊！

住在對方家，難得放假想睡到中午，怕對方家人觀感不好，
叫個外送，也不好意思直接拎回房間，
妳想晾衣服，人家兄弟姐妹的衣服還沒收走，
不能穿著睡衣走來走去，去冰箱拿個飲料還要套件衣服。

當然不只妳，對方家人也一樣，
人家的爸爸跟阿公，也不好意思穿吊嘎晃來晃去，
在沙發原本想怎麼躺都可以，現在還要顧忌妳，
搞得大家都不自在，何必呢？

曾經有網友跟我說，去住男友家，
被男友媽媽念：
「為什麼用那麼多洗碗精？洗衣精為什麼用那麼快？」
氣得她直接各買兩大瓶丟出來！

也有人是說，自己帶了一些小時候的玩偶，

把男友房間布置成兩人的甜蜜小世界，

結果男友媽媽說布娃娃會招來不好的東西，

連問都沒問，竟然直接丟了，害她超難過！

也許對方家人說話的態度跟處理方式，的確是有問題，

但如果妳不要住進去，也沒這些麻煩事了，

其實還是自己選的。

＃別給對方家人帶來困擾

從對方兄弟姐妹的角度來看，他們可能是這樣看妳的：

「她到底為什麼要住在我們家？省房租嗎？」

「住進來吃我家的、喝我家的，她都不會不好意思嗎？」

「一個外人住進來，害我很不方便，怎麼可能不討厭她？」

有人會說，如果我有幫忙做家事，就不算白吃白住吧？

也許妳覺得這是一種「交換」、「兩不相欠」，

對方家庭可能也這樣想：

「既然妳住在這，那妳就該做點什麼吧？」

萬一直接把某些打掃工作指派給妳，

這時候妳可能又認為：為什麼把妳當傭人？

也有人說，

「又不是我自己要去住的！」

「是男友自己叫我去住的，我幹嘛還要在意別人？」

男友真的不是妳全世界唯一需要在意的人，

妳自己還是要懂做人啊。

他希望妳去住他家是他希望，但妳可以不用一定要聽話！

他的家人討厭的會是妳，又不是他！

#貪圖方便，最後都是自己不便

在別人家，要壓抑自己情緒的是妳，

吵架不小心被聽到，他的家人覺得妳脾氣不好，

平常被說白吃白喝的是妳、分手要打包走人的也是妳，

不要讓自己落入這種窘境啦。

寧可辛苦一點，多賺點錢付自己的房租，

也不要只能寄人籬下，還被嫌東嫌西！

女生不要一心只想著省錢、想黏著男友，

多花點心思，想想自己「想過怎樣的生活」。

那如果只是去住男友家一個晚上可以嗎？

相信我，妳只要去住過一次，絕對會有第二次、第三次，

因為對男友來說太方便啦！

要帶過夜包的是妳、要跟不熟悉的家人相處的也是妳，

他只有好處沒有壞處，

肯定跟妳說：「又不是沒來住過，有差嗎？」

然後不小心就變成一種「去他家約會」的模式，

一天變兩天，兩天變三天，東西要一直收來收去好麻煩，

最後，妳是不是又考慮乾脆直接住進去？

無論戀愛或結婚，我認為妳是該跟男友組織自己新的家庭，

而不是住進對方家裡去，

那樣一來，妳永遠不會有「自己的家」。

＃萬年考古題：到底該不該洗碗？

那偶爾去男友家吃飯總可以吧？

網路上最常討論的，就是去男友家的「洗碗問題」。

去對方家，到底要不要主動幫忙做家事呢？

我覺得呢，如果妳覺得自己是客人，那就好好當客人吧！

想想自己家，宴客時，會希望客人一起收拾碗盤，

最後還讓客人自己去廚房洗碗嗎？

如果我是男友的媽媽，我真的不會讓兒子的女友洗碗，

今天是妳來我們家吃飯，那麼妳就是客人啊，

我怎麼可能讓客人去洗碗呢？實在太失禮了。

吃完飯，我會帶客人到客廳吃水果、聊聊天，

我自己不會急著去洗碗、清廚房，害客人想捲起袖子幫忙，

那一切我都會等客人離開之後才會去做。

今天妳是我的客人，我會把精神放在招呼妳，

跟妳有更多的交流跟互動，可以更認識妳，那才是最重要的。

所以如果對方家庭懂待客之道，

其實也不會讓妳這個客人很尷尬，

得去面臨什麼洗不洗碗的問題，我會搶先一步跟妳說：

「妳是客人，妳別忙，先去客廳坐吧，

　我們再一起吃個甜點跟水果。」

＃請思考：去對方家到底是為了什麼？

很多女生去男友家時，

都沒意識到這是妳「觀察對方家庭的機會」，

只想著「如何讓男友爸媽喜歡我」、「該怎麼留下好印象」，

於是急著幫忙收拾、洗碗、說對方家長想聽的話，

想藉此得到肯定。

如果你們已經進入見父母的階段，真的要盡快判斷，

他的原生家庭是「怎麼看待一個女生在家庭中的意義」、

「如何看待兒子的女友」、

「期待兒子未來的老婆是什麼樣子」等等，

而他們的價值觀，無關對錯，而是：妳能接受嗎？

如果你是男生，當然也一樣，別急著取悅對方家長，

而要觀察女友家「如何看待一個男生在家庭中的角色」，

他們認為「女兒的男友就必須怎樣怎樣嗎？」

他們有期待「女兒未來的老公應該是什麼樣子嗎？」

而他們的期待，你能接受嗎？

我有個男生朋友到女友家裡吃飯幾次後發現，

女友的爸媽認為，「男生賺錢讓女生過好日子天經地義」、

「跟我女兒結婚的話，幫忙我們家裡還債也是正常的」，

而那可是一筆鉅款，他嚇得不敢論及婚嫁。

無論男女，記得你們是去了解對方的家庭、了解對方的家長，

不是只要去討人喜歡就夠了，你自己想要什麼樣的生活？

如果考慮結婚，那你想跟「什麼樣思想的家庭」結為姻親？

不是只有他們能選擇你，你也在選擇他們啊！

很多女生都把重點放在討人喜歡，

於是拚了命去做不是客人該做的事，

傳達出的訊息是希望對方盡快把妳當「家人」而非客人，

例如初次拜訪不帶禮物、主動跑去洗碗、主動幫大家添飯，

甚至提議飯後水果妳來切、妳來裝盤，一副好媳婦的樣子，

看起來妳想要很快就變成「一家人」。

但是當對方家庭真的開始把妳當家人，

叫妳幹嘛幹嘛時，妳又覺得自己好像被當傭人？

妳的生活開始被干涉時，又覺得他們管太多？

但人家就是這樣對家人的，

明明是妳自己先超出了那條界線啊！

界線感，跟誰都是需要注意的。

妳如果是自己急於想當家人，

那就不要抱怨別人對妳沒界線了，

千萬不要自助餐，只拿好的，壞的都不要，

凡事都要付出代價。

#女生需要用幫忙家務討人喜歡？

有些女生覺得，表現出乖巧賢慧的樣子，

才能讓男友的父母喜歡自己啊！

如果像個客人一樣什麼都不做，

這樣對方覺得自己很沒禮貌怎麼辦？

甚至，有超多男生都是用「女生有沒有主動去幫忙洗碗」，

來判斷這個女生好不好，逼得女生也只能照做啦。

好像等同於，女生經常用「男生會不會主動去付錢」，

來判斷這個男生好不好一樣，

男生其實也是被逼著必須這麼做。

哎，其實這些都是可怕的社會框架，

判斷男女價值的標準永遠都停在：男生付錢、女生做家務。

舊時代的女人必須展示自己能夠處理家務的功能，

因為那個年代的女人，多半未能擁有男人的工作能力，

負責家務＆生兒育女，可能是她們在婚姻裡最大的價值。

但現代女性還需要這樣證明自己的價值嗎？

只要妳沒去做家事，或並不擅長家事，
妳就是個沒那麼好的女生嗎？
如果妳跟男友，都覺得不是這樣來判斷一個女生的，
那到底為何要討論「女生該不該去洗碗」？

看來，我們什麼時候不必再討論萬年洗碗問題，
才表示社會對兩性的認知，有了真正的進步。

不過，我並不是要妳表現得態度高傲，
或一副公主病的樣子，
相反地，身為客人該有的禮節妳都不能少。

如果對方的長輩覺得，妳沒主動幫忙，就是不夠賢慧，
就因此不喜歡妳，那他們家可能非常傳統，
認為老婆、媳婦就等於要負責洗碗、煮飯、洗衣、打掃。

如果妳男友也是這樣認為的：
「妳就假裝賢慧一下會怎樣？」

表示他也是一樣傳統，

並且認為「妳有義務要取悅他的家人」。

因為這些事情就能看出他們的價值觀，

大概可以想像婚後的生活，

妳老公可能會希望：

「長輩就希望看到他們想要的標準媳婦模樣，

　那妳就表現出那樣給他們看不行嗎？」

請觀察，他是否老是說：

「妳就配合一下會怎樣？」、「妳就忍忍會怎樣？」

洗碗這種小事，他都希望妳能配合了，

那麼往後人生的其他大小事，如果他也都這樣說，妳打算？

每個人的背景不同，如果對方的家庭真是妳人生的救贖，

妳想要萬般取悅、只求趕快嫁進去，其實也不是不可以。

但如果妳一心只想取悅他們全家，

那妳就得有能力裝一輩子，

不要婚前從來沒自己，婚後才要做自己！

小事就能觀察價值觀，千萬別矇著自己的眼睛不判斷。

要裝不是不可以，那就要有本事裝一輩子！

08 ————

我們是在磨合，
還是根本不適合？

情侶吵架是難免的，但如果吵架的頻率過高，

真的會讓人考慮是否要放棄這段感情，

但到底怎麼判斷，我們是在磨合，還是根本不適合呢？

我覺得吵架不是不可以，

重點是這段關係，有沒有「不斷願意互相調整」。

＃你們把吵架拿來溝通，
還是發洩情緒？

我認為吵架只是「比較激烈的溝通」，

如果吵得好，是可以解決問題、讓關係改善的，

但如果吵得不好，就會一直消磨彼此的愛。

吵架不是要吵嘴巴上的贏，我覺得吵架的贏應該是雙贏，
是彼此達成溝通、找到共識，還讓感情跨過一個絆腳石！

所以我們不要怕吵架，但是務必要思考，
「這次吵架，有更了解他嗎？」
「他有在吵架時，說出妳原本不知道的想法嗎？」
「妳也有在吵架時，說出本來不敢表達的嗎？」

「這次有沒有發現，什麼點才是他很在意的？不能退讓的？」
「自己有沒有發現，什麼部分真的過不去，或其實沒關係的？」

如果以上有，我覺得這就是在互相了解對方而已，
這場架，吵得有價值！

無論你們這次吵了多久，搞不好還冷戰連續好幾天，
總之最後有沒有達成一些共識，
彼此大概知道了對方的某些堅持與界線，
能夠讓你們抓到一些標準，去面對未來類似的問題？

如果都沒有比較「了解對方」，也沒有找到「什麼共識」，

老問題還在，而且也還是一樣不知道怎麼面對，

那你們肯定會再面臨同樣問題的吵架。

不過沒關係，有些重要議題，不吵個幾次架是無法解決的。

#跟男友老在吵架？
   可能一開始就選錯了

有些人會說，要怎麼找到不需要一直吵架的對象？

應該很難一開始就找到適合的人吧？

的確沒有100%適合的兩個人，

但你還是可以找80%適合的人，

剩下的20%再慢慢磨合啊！

而不是去找一個10%適合的人，再因為不適合的那90%，

瘋狂地吵架、瘋狂地想要改變他，這樣有多痛苦啊！

為什麼不找最大程度的適合，再做最小程度的磨合，

這樣大家不是都比較開心嗎？

世界上沒有為妳量身訂作的伴侶，

但總有人生方向、價值觀、彼此需求大致符合的人，

只有剩餘的一些生活習慣、脾氣或缺點，

可能需要再多多溝通和磨合。

所以最根本的問題，就是妳必須要夠了解自己，

才能為自己做出最好的選擇。

同時，妳也必須了解一個人身上哪些事情是有機會改變的，

例如：日常相處、兩人對於未來的期待。

哪些則是不太有可能改變的，例如：原生家庭、價值觀。

如果妳一直把這兩邊顛倒，就會陷入痛苦的愛情，

陷入期待著不能改變的事情，永遠吵個沒完。

除了我們「看對方的視角」，我很希望，

每個人也都有一個「看自己的視角」。

　獨立，不等於跟愛情誓不兩立！

可以磨合看看的	不太能改變的
個人的生活習慣	原生家庭相關 （家境、背景、家人）
彼此的相處模式 （例如怎麼溝通、怎麼過 週末、怎麼過節）	根深蒂固的價值觀 （對錢的態度、對工作的 態度、對女性的態度）
兩人的未來期待 （例如對彼此的期待、 有沒有結婚的打算）	還是價值觀 （認為結婚的意義、認為生 小孩的意義）
如果是在這個範圍， 才去磨合看看 多努力在這塊	所以這邊的，只要 觀察並判斷自己能 否接受就好，不要 急於改變

很多人可能都這樣	其實這樣比較好
直接干涉	不斷觀察
碎碎念	閉上嘴
想改造對方	去理解對方
一直抱怨又不分手	換你能接受的人
不了解性格就在一起了	去找你想要的性格
曖昧只暈船	曖昧時已經展開觀察

建議戀愛的態度，從左邊換到右邊，
你的戀愛品質就不同了！

看自己的視角

為了彼此的關係好，可以試著磨合	保有自己的想法、不需要只為了對方改變的
日常生活習慣	原生家庭（你也改變不了）
彼此喜歡怎樣被對待？怎麼樣感覺到被愛？	對職涯的規劃
怎麼去表達比較能好好溝通？	對錢的態度
要不要跟他同居？要不要跟他結婚？	認為結婚的意義認為生小孩的意義
反正就是兩人日常生活的一切	這些都屬於價值觀你要有自己的想法

#幸福是透過磨合而來的

很多人在愛情裡缺乏溝通的勇氣，
逃避磨合需要的碰撞、爭吵、眼淚、反思，
逃避溝通、逃避告訴對方自己的底線，
於是你們並沒有在「磨合」，而是只有在「隱忍」！

選擇什麼都不說，其實是最輕鬆的啊！

選擇了輕鬆之路、跳過磨合的妳，
總是等著「有一天他總會懂」、「有一天他可能會改」，
如果妳什麼也不說、不溝通、不去碰撞，
他到底為什麼會懂？為什麼會改？

幸福本來就是奮鬥來的，過程中的吵架、磨合，都是必要的。

在一段關係裡，我們可能是藉由觸碰彼此的底線，
而變得更了解自己、也更了解對方，
甚至是發現了為愛而願意包容對方的自己，
然後彼此找出了更好的相處模式，才慢慢幸福起來的。

獨立，不等於跟愛情誓不兩立！

🌶 戀愛辣雞湯 ————

我們不必害怕吵架，但吵的架必須有價值。

幸福是披荊斬棘換來的，不是擺著、等著就會幸福。

09 ————

老是有分手困難症？
根治的方法在這！

很多人明知交往對象不好卻不分手，

說自己都是因為很愛他、無法放下，

其實更多人都是因為覺得「怕不會遇到更好的」，

所以一直容忍、委屈自己，只求不要恢復單身。

我沒有分手困難症，如果意識到對方不OK，

很快就會有「這樣是對的嗎？」、「他這樣的人有什麼問題？」

「我應該跟這樣的人在一起嗎？」、「對我的人生是好的嗎？」

我通常會很快地去思考這些問題。

因為我覺得自己很好啊，

既然我這麼好，為什麼要跟不好的人在一起呢？

我這麼好，為什麼要讓別人這樣對待我？

我這麼好，不是為了受委屈、受傷害啊。

但很多人沒有這種「覺得自己很好、要好好愛自己」的心態，

而是相反地「覺得自己不夠好，也怕下一個更不好」，

所以才會有分手困難症。

#主動分手不是沒感情，
　而是更愛自己

有些人看到我上面寫的想法，會誤以為：

「難道妳都沒有感情嗎？

　分手都不會痛嗎？都不會捨不得嗎？」

我當然也會傷心、也會痛呀！

跟妳一樣，我也會猶豫、也會苦惱、甚至也會痛哭，

但如果是一個不好的對象，再難受我還是會選擇分手。

因為我更愛我自己呀，我不能把我的心力和時間，

繼續放在一個不對的人身上，

難過只會是一陣子，再怎樣也不會是一輩子啊。

很多人覺得：「愛情長跑很多年了，分開不是很浪費青春？」

妳或許只看到過去的八年、十年不能浪費，
卻沒想到人生下半場還有五、六十年，難道就可以浪費嗎？

把這兩段時間拿出來比一比，
妳就知道就算花了十年還是要停損，
因為不停損，未來的損失會更多！
不要只考量一場愛情，而要考慮整個人生，
把眼光放遠一點，妳的抉擇可能就不一樣。

不要害怕重啟下一段戀情，
我們願意結束一段感情或一場婚姻，
都是願意給自己新的機會，也給更好的人機會。

#勇敢分手，
一個人沒那麼可怕

很多人即便知道這個人不好，卻也不分手，

是因為不想面對，接下來可能有段時間要自己度過，

並不是因為愛對方，也不是因為習慣對方，

純粹就是「我沒辦法自己過日子」。

曾有個深陷此狀態的朋友告訴我，

那是一種「如果一個人，我什麼也不是」的感覺，

即便她知道對方不好，還是緊抓著不放，

很討厭這樣的自己，但卻沒辦法。

所以我一直告訴女生：「先提升自己，再去談戀愛！」

讓自己變好，也肯定自己的好，

妳就知道自己值得怎樣的對待。

先成為一個自己都會愛上的女人，懂得珍惜自己，

就比較不容易陷入「明知不好卻無法分開」的感情。

妳可以先自我檢視看看，以下這些特質，

自己是否缺少什麼，然後去努力培養！

這樣就不會再過度害怕分手、害怕一個人了。

1、**經濟獨立**：我可以好好照顧自己，不需要別人的協助。

2、**工作能力**：我不容易失業，我能維持穩定的生活。

3、**懂生活**：電影、美食、時尚、烹飪、創作、花藝等任何
興趣愛好，人生有很多事可以做。

4、**吸收新知**：喜歡知道新的資訊，永遠不會無聊，也不會
讓自己的個性變得無聊。

5、**社交能力**：有交朋友的能力，能跟朋友維持好的互動。

6、**不怕一個人**：有獨處的能力，有可以自己過日子的能力。

花一點時間和精力提升自己，

把自己的內在、外在、事業提升起來，

豐富自己的生活，就不會有分手困難症，

就算妳是被分手，

也不會輕易陷入自我否定、覺得自己什麼都不是。

#到底怎麼從傷痛走出來？

那如果是「受到深深的傷害，無法走出來」，怎麼辦？

無論是遭遇失戀、背叛、被騙、各種傷害，
不要一直去想「為什麼我走不出來」、「我應該要怎麼放下」，
這樣的妳，反而越會困在那個情境裡。

最好的方式就是，不要在這件事情上鬼打牆，
直接去做別的事情，
例如：追劇、和其他男生聊天、享受曖昧、吃美食、旅行，
做任何可以讓自己開心的事，做之前沒時間做的事。

一直想著「要忘記、要放下」，
只會越忘記不了、越無法放下，
直接不理它，暫時擱置吧！先讓自己去忙別的事情吧！

如果腦海中不時浮現，那就浮現，
如果眼淚掉下來，就掉下來，
但是千萬不要走回去，找找現在可以做的事情！

到了一定的時間，可能是一兩個月，也可能是幾個月，

有些事情甚至需要消化一兩年也說不定，

但總之在某一刻，會發現自己沒有那麼在乎了，

這個傷痛變成「一件發生過的事情」了，

原來終於「走出來了」。

這就是放下了、走出來了的感覺。

#傷痛不會消失，
人生就是要帶著傷痕往前走

「還是會想起他，怎麼辦？」

「想到還是很難受怎麼辦？」

這都是正常的。

想起就想起吧，想一下下，就去做手邊的事情，

很難受，就難受一下下，沒有關係的。

這些傷痛從來就不會消失啊。

不要期待自己「完全忘記這些事」、「完全忘記這個人」，
從來不會的，我們只是能跟這些舊傷和平相處，
然後帶著它們繼續我們的人生罷了。

🌶 戀愛辣雞湯 ———

分手困難並不是因為他太好了，而是妳太不愛自己了！

「走出傷痛」不等於「忘記傷痛」，而是帶著傷痕往下走。

PART IV

關於 婚姻

男友為什麼不求婚？
先確認你們真的有共識！

很多交往一段時間，或是接近適婚年齡的女生，
會抱怨男友為何不趕快求婚，一年拖過一年，
萬一最後沒結婚的話，自己不就「浪費青春」了？

＃妳也覺得沒結婚
　就是浪費青春嗎？

浪費青春這個說法，其實是女生的自我綑綁，
是把結婚當作「人生最高目標、戀愛唯一目的」，
才會衍生出來的想法。

如同，如果妳「念書只是為了考試」，
妳努力念了很久，結果最後沒有舉辦這場考試，

妳可能會說：「吼，那我不是白念了？」一樣。

妳談戀愛「只是為了結婚」嗎？

如果無法達成結婚這個目的，妳就不談戀愛了？

如果沒有結婚，妳就覺得這個戀愛白談了？就浪費青春了？

有這樣思想的女生，就容易會有：

「沒打算結婚？表示他就是玩玩而已！」

「談戀愛不結婚就是耍流氓！」的各種奇怪說法。

其實，如果自己個人有這樣的價值觀，

但卻從來沒有在戀愛以前，確認對方也是這樣想的，

戀愛過程中也從不表明自己的意思，對方完全不知道，

最後自己再用「戀愛年資」來進行情緒勒索：

「我們交往這麼久，怎麼可以不結婚？」

「你這樣是不負責任、浪費我的青春！」

這樣的情況下，耍流氓的到底是誰呢？

為了結婚才要談戀愛，不是不可以，

那應該是兩人都有同樣共識下再交往，

比如：相親，我們都知道彼此是為了找結婚對象，

或者一開始就互相表明，

我們這次是「以結婚為前提交往」。

這樣而開始的交往，

雙方會有著「我們都希望最短時間內找到結婚對象，

如果覺得不適合結婚，就要趕快提出分手，

讓對方可以早點去找下一位，不要耽誤人家」的共識。

如果不是這種情況，

卻自己一個人用「交往就應該要結婚」的心態在戀愛，

那也太奇怪了！

那麼為什麼很多女生，甚至可能就是我們自己，

會從小就根深蒂固地有「戀愛是為了結婚」的心態，

長大後也繼續被綑綁呢？

　獨立，不等於跟愛情誓不兩立！

#來自舊時代的價值觀，
  深深影響至今

以前的時代，

女性因為沒有得到跟男性一樣的教育跟社會資源，

所以很多女性都沒有足夠的知識水平與謀生能力，

她們必須透過「跟男性結婚」，才能保障自己的一生。

於是才會有「結婚是人生最高目標」的價值觀。

而且以前人們對於兩性交往的觀念很保守，

認為「女人一生中只能有一個男人」，

大部分的人是不能自由戀愛，只能「相親結婚」的，

根本沒有所謂的戀愛！

所以當然就會有：

「戀愛是為了結婚」

「沒有要結婚的戀愛就是玩玩！」

「沒結婚就是對女生不負責任」

「戀愛沒結婚就是被浪費青春」的思想。

我們從小可能都被教育：

「念書時不要談戀愛，沒有意義」

「適婚年齡才可以談戀愛」

真的戀愛後可能又被這樣說：

「談了戀愛就要趕快結婚」、「沒結婚就是被玩了」

「談戀愛出去約會，女生還要付錢就是虧本」

「結婚就是要找可靠的對象，男生要有錢有車有房」

「找個男人負責妳的一生，自己就不用那麼辛苦」

「結婚才是女生最終的歸宿」等等。

在舊時代那樣的背景下成長、有上述這些思想的女人，

可能是我們的奶奶、外婆，或者我們的媽媽與阿姨，

她們的一生就是這樣過的，

甚至因為這樣才安安穩穩、得到幸福，

她們當然會用「自己的價值觀」來教導我們、評論我們與他人。

如果妳自己沒有感受到時代的變化，

去培養自己新的價值觀，

而是「大人跟妳說什麼就是什麼」，直接照單全收，

妳就很容易成為「新時代下腦子仍裝著舊思想的人」。

所以我建議現代女生：

腦子要清醒，認清自己所處的時代，建立自己新的價值觀。

＃戀愛不等於要結婚，
　想結婚的人請自己主動！

剛剛我們理解了為何我們腦袋裡有一些「內建的思想」後，

妳應該已經明白，

戀愛不等於要結婚，結婚只是其中一個可能。

那麼如果確實到了很想結婚的時候，無論怎麼暗示男友，

他都說：「沒想那麼多」、「順其自然」，又該怎麼辦呢？

如果妳是想要結婚的那一方，

那妳應該要主動且明確地說出口，

而不能只用暗示的，而是要能夠告訴對方，

對於這段感情，妳有想要結婚的想法，是否可以討論看看？

這樣對方不管目前對結婚沒意願，

或是想等待某些條件更加成熟，才要考慮結婚時，

雙方才有機會溝通，其實就是具體地來喬一喬嘛！

如果妳真的急著結婚，而對方就是認為現階段不適合，

妳也能重新思考判斷：那麼還要跟他繼續嗎？

要繼續等他到他覺得適合的時候，

還是乾脆換個「以結婚為前提的交往對象」？

這是妳得先提出來討論，才有機會做判斷的事情。

男友不是神燈裡的精靈，沒有義務幫妳實現妳的個人理想！

想要幾歲結婚、幾歲生小孩，這都是自己的人生規劃，

當然要自己主動去追求、去實現，

不應該原地不動，就等著另一半幫妳完成啊！

若發現交往對象跟妳沒有共識，

自己就應該思考接下來該怎麼處理，

如果留下來繼續等待，也是自己的選擇，

怎麼能怪別人浪費妳的青春呢？

所以，想結婚的人拜託明白告訴對方，

如果他暫時沒有結婚打算，

也不需要批評他不想負責、不願認真、玩弄感情。

難道就因為我「現階段還不想結婚」，

就表示「交往時沒有付出真心」嗎？

這真的是兩件事啊！

我不認為談戀愛就「只是為了結婚」，

只是如果在戀愛時遇到很適合的對象，

「很有可能會結婚」罷了，

結婚是可能的結果之一，但並不是唯一的目的啊！

如果妳暫時無法拋開這個思想，只能為了結婚而談戀愛，

那也沒有關係，

但是沒有必要預設立場，覺得對方也該跟妳想的一樣，

否則就是騙妳。

如果他平常是個好男友，他沒有提出結婚或者不想結婚，

並不代表他就是故意要浪費妳的時間，

畢竟不是每個人都會在談戀愛前，就一心想著結婚啊。

妳可以有自己的思想與價值觀，

但也要尊重別人的思想與價值觀，

所以我們前面才會不斷強調：

要找價值觀相符的人在一起，不是嗎？

🌶 戀愛辣雞湯 ─────

每個人都該腦子清醒，認清自己所處的時代，

建立自己的價值觀。

戀愛從來不是只為了結婚，

但也許會在過程中發現想要結婚的可能。

02 ———

他到底是不想結婚，
還是不想跟妳結婚？

很多女生的想法可能是這樣的：

跟這任男友交往蠻久了，順順的沒什麼問題，

感覺彼此差不多也該結婚了，

才發現對方怎麼會沒有同樣的感覺？

因為男生的想法可能完全是另一個邏輯。

＃女朋友不一定可以當老婆

對男生來說，女朋友跟老婆是兩種不同功能的東西，

他們分得很清楚，「適合戀愛的對象，不等於就適合結婚」，

想交女友時會選擇適合當女友的，

想結婚時會選擇適合當老婆的，

所以「女友與老婆」經常不會是同一個人。

並不像大部分女生認為的「交往久了就應該要結婚」，
把現任男友變老公就可以了，於是「男友與老公是同一個人」。

很多男生在還沒有想婚之前，
根本不會考慮女友是否符合自己「理想老婆的條件」，
但是一旦想結婚了，這時候的擇偶標準可能會瞬間大改。
因為他現在需要的是老婆，而不是女友了！

所以有可能他跟前任在一起很多年，都沒有想結婚的打算，
分手之後，卻跟交往沒有很久的新女友結婚了，
原因很可能就在這裡。

因為前面交往的都是女友，而最後這個女友，
是他「以結婚為前提」而找的女友，所以可以直接變成老婆。

男生的標準可能是這樣的：

女友：漂亮最好，個性不錯的話，就更加分。
老婆：漂亮最好，但畢竟要相處一輩子，性格跟情商更重要！
最好腦袋也不錯，夠獨立能分工，

女生的腦袋	男生的腦袋

交往

跟他交往很久了

該跟他結婚了

他怎麼沒想法？

這個女生可以交往
看看

跟她交往很久了

**年齡、存款等因素
才開始想到結婚**

想婚的開始，重新思
考想要的老婆條件，
當發現女友不符時，
會分手去跟別人結婚

是家庭的神隊友、孩子的媽，

經濟上不要增加太多負擔，原生家庭也不要有太大問題才好。

所以，女友不一定會「原地變老婆」，

除非剛好符合老婆的條件。

如果男友一直逃避婚姻話題，妳可能也要想想，

妳自己的個人條件：收入、家境、個性、獨立、腦袋、情商，

真的是個「不錯的結婚對象」嗎？

如果妳是對方，妳會想跟「自己這樣的人」結婚嗎？

如同我會說：戀愛裡，先成為自己都會愛上的女人一樣，

換到了結婚這件事，

如果妳都不想跟自己這樣的人結婚，妳覺得他會想嗎？

這個思考點就是：

他到底是不想結婚，還是不想跟妳結婚？

尤其是經濟條件好、事業成功的聰明男生，

他對於結婚對象的標準，肯定也會經過謹慎思考，

畢竟可能會是一輩子的伴侶，還會是自己孩子的媽，

獨立，不等於跟愛情誓不兩立！

對「老婆的標準」跟「女友的標準」完全不同，

真的很合理啊。

#男女雙方對結婚的想像不一致

除了各種條件問題，男友不想結婚，

也有可能是因為雙方對婚姻的想像不一樣。

女生可能認為：

「結婚之後的生活其實就跟現在一樣，幹嘛不結婚？」

男生則認為：

「結婚之後的生活其實就跟現在一樣，幹嘛一定要結婚？」

尤其是如果你們已經住在一起，

女生可能覺得雙方都已經很習慣彼此、很適應同居了，

不是就可以結婚了嗎？

男生反而會覺得，既然都住在一起了，

結不結婚有什麼差別，幹嘛要急著結婚？

女生是「沒有壞處」就可以結婚了，

男生是「要有好處」才要結婚，

因為以現實考量來說，他並沒有「因為結婚而得到什麼好處」，

卻有可能「因為結婚而失去很多好處」，

那他當然沒有動機去做呀！

看到這裡，不要大罵男生很自私，

我真心希望女生也是這樣擇偶的，

而不是因為交往很久就想跟他結婚。

他也許是個好男友，但就一定也是好老公嗎？

其實未必，對吧？

適合戀愛的對象，不一定也適合結婚，

妳有沒有重新用「要跟這個人結婚的視角」，

去檢視一次現在的男友，真的適合跟他結婚嗎？

婚前這樣檢視過才決定結婚的人，

我認為絕對會比「交往久了就應該結婚」的人，婚姻更幸福。

所以，女生假如真的希望男生有想婚的念頭，

需要自己創造動機，先站在男性角度看看自己：

「跟妳結婚，對他會有什麼好處？」

	女人 對結婚的理解	男人 對結婚的理解
職場	如果不想工作 老公也可以養我 這樣我不用那麼辛苦	要是她不工作 我就得養她了 這樣我的負擔會變大 暫時不考慮結婚
婚禮相關	婚禮、婚戒、蜜月 🎂💍🍸🍺✈️ 好棒喔	媽呀全都好花錢 我存款會噴光 暫時不考慮結婚
房子車子	我們可以買房買車 人妻的生活🖤	都好花錢 現在好好的 幹嘛改變？ 暫時不考慮結婚
小孩	我想早點生小孩 才不會變高齡產婦	養小孩好花錢 坐月子更花錢 暫時先不考慮結婚

無論是財務上、家庭分工上、養育子女上，
「跟妳這個人結婚，而不是跟別人結婚」的具體好處是什麼？

很多女生拒絕面對這種現實的問題，
覺得男生「要有好處才跟自己結婚，也太自私了吧？！」

但是妳希望對方在沒有任何好處、只有壞處的情況下，
也應該要跟妳結婚嗎？這樣來講，自私的到底是誰呢？

＃想要的未來，
要靠自己主動

很多女生會把「愛情等於婚姻」，
覺得男友「不想結婚就等於不愛」，
難道相愛卻沒結婚就不叫愛情了嗎？
何必把愛情想得那麼狹隘。

如果是妳想結婚，為什麼不主動提出討論，
而覺得是對方應該提出討論？妳只要負責暗示就好了？

如果發現他就是不想結婚，妳又真的很想結婚，

妳為什麼不主動提出分手，換一個同樣也想結婚的男友，

而是怪對方不主動放手，浪費妳的青春？

為什麼身為女生，就只能被動地等待呢？

什麼都要對方想、對方提，連分手的決定都只能是對方做？

女生啊，找回自己的主控權吧！

不想結婚並沒有錯，每個人都有自己的人生規劃啊，

「想結婚但又不去找也想結婚的對象」，才是真正耽誤自己。

女生真的要認清：

我們不能自己不做任何事，就想等著別人給我幸福！

戀愛辣雞湯

他到底是不想結婚，還是不想跟妳結婚？

適合戀愛的對象，不一定適合結婚，

想婚前重新判斷，才是聰明的打算。

03 ————

結婚不是必修課，
先問自己為什麼想結婚？

太多人都是「為了結婚而結婚」，

可是根本不知道自己為什麼要結婚，

甚至是從來也沒想過「結婚的意義」，就盲目地想婚。

離婚後才真正感到幸福的我，

也來說說自己當初為什麼會結婚。

#妳是因為什麼而想婚？是因為這些嗎？

當年的我，會覺得好像可以結婚，

原因跟現在年輕女生差不多，不外乎就是覺得：

1、交往好幾年了（好像30歲前就要結婚？）

2、對方父母一直催婚（好像也不好一直當作沒聽到）

3、雙方的事業已經綁在一起（好像也不可能去跟別人結婚）

4、覺得對方也沒什麼大問題（好像結婚也沒有不可以）

5、婚後的生活跟現在其實都一樣（反正就多一張紙？）

現在的妳，以上中了幾點呢？

那時候的我才25歲，真的還太年輕，

明明對結婚這件事很迷惘，根本不懂結婚的意義，

卻也找不到「一定不要結婚的理由」是什麼。

面臨對方父母的壓力，在自己父母也贊成的情況下，

自己也就默許了大家的安排。

但是我根本不知道自己為什麼要結婚，也從來沒有評估過，

對方這個人、對方的家庭，是否適合結婚，

而是「好像也沒差」、「交往也順順的，不然就結婚好了」。

現在的我，再重新看這件事，會覺得：

不對啊！結婚是人生大事，要有「積極的理由」才可以去做，

怎麼淨是些「消極且無奈的理由」卻要去做呢？

雖然「找不到一定不結婚的理由」，
但如果沒有「一定要結婚的理由」，那幹嘛要結婚？

原因就是當時活在「社會的框架」、「長輩的期待」之下，
然後沒覺得結婚只是「人生選項之一」，
而誤以為「結婚是人生必修課」，
那遲早都要結，現在結一結好像也省事？

這些邏輯夾殺之下，就莫名其妙結婚了，
現在真的覺得超荒謬！

#年齡壓力、社會眼光，
   都不該是結婚的原因

多少人的父母、親友可能是直接對女生說：
「再不結婚，超過30歲就沒人要了！」
「女生一過30歲就掉價，趁年輕結婚比較有得選！」
「女生沒結婚沒生小孩很可憐，會孤老終生！」

別說父母親友了，可能整個社會、許多媒體與網路文章，

都在對妳傳遞著這樣的思想，一不小心妳就「聽進去了」，

然後產生「結婚恐慌」，莫名其妙開始急著結婚，

為了趕進度，什麼擇偶標準都不管了！

1、女生超過30歲就沒人要？

男生大齡單身是「黃金單身漢」，

而女生就是「沒有人要」、「敗犬」、「剩女」、「老姑婆」？

如果妳用「有沒有人要」來定義女生的價值，

妳就會把結婚奉為「女生的人生最高榮耀」，

然後歧視那些沒結婚的女生。

就算結婚了，也會很害怕離婚，

因為離婚就是沒人要、沒價值。

如果妳覺得這樣的思想很可怕，

那為何又要讓這樣的思想綁架自己？

2、女生超過30歲就掉價？

如果以「年齡」來決定女生的價值，

越年輕越有價，老了就沒價，

要是妳跟著這樣想，過了30歲，妳會越來越沒自信，

那麼妳的中年、老年該如何自處？

接下來妳肯定又會有「老化恐慌」，而成為過度怕老的女生，

一輩子都被這些社會框架傷得好深。

3、女生沒結婚沒生小孩很可憐，會孤老終生？

其實有結婚有小孩，也可能會孤老終生啊！

如果是怕「老年生活沒人照顧」，

此題根本不是這樣解，還不如多賺點錢！

妳一定要很肯定、很堅決，確定「結婚是我自己想要的」，

不是「社會與別人給我的壓力」，再考慮結婚。

＃為什麼我們會那麼想要
   符合社會期待？

所謂的社會壓力、社會期待，對我們的影響有多深？

為什麼我們總會不自覺地就住進這些「社會框架」裡呢？

因為，我們身處其中啊！每天接觸到的可能都是這些觀念，

我們等於「這樣被從小教到大」啊。

到了一定年紀沒結婚，大家都會覺得妳是剩女，

於是不管妳的事業再成功、自己再怎麼自在，

別人都還是覺得妳輸了。

就算妳自己覺得好得很，大家還是一副很同情妳的樣子，

動不動就催促妳去找個伴，好像妳很可憐似的。

整天被問：「怎麼不去交個男朋友呀？」

可能會讓妳不禁懷疑，「單身有錯嗎？」

就算有男朋友，也老是被問：「怎麼還不結婚呀？」

就算感情還沒有走到要結婚的階段，

妳可能也會不小心著急起來。

我還有一些朋友是「交往中的兩人一起講好，沒有要結婚」，

結果女方卻遇到很大的困擾，因為別人老是告訴她：

「妳這樣很吃虧耶！」

還是又回到戀愛一定要結婚的邏輯，

沒結婚就是被浪費青春？

「妳怎麼可以接受他這樣？」

明明是兩個人講好的，為什麼別人都覺得好像是妳被欺騙？

「講好不結婚？那以後他拋棄妳怎麼辦？」

每個人都會這樣提醒，

好像選擇不結婚是個很笨的決定似的。

很多女生並不是自己清楚結婚的意義，

而是因為承受著像這樣的各種社會壓力，各種旁人的質疑，

而想要成為大家傳統認知上「幸福的女人」。

於是認為：

「結婚就是戀愛的終點」

「結婚是人生必修課」

「結婚等同於得到幸福」

其實我們可以這樣想：

「戀愛是沒有終點的，就算沒結婚也可以一輩子戀愛！」

「結婚不是人生必修課，妳可以結婚、也可以不結婚！」

「結婚可能是幸福的一種，但不是幸福的唯一可能！」

🌶 戀愛辣雞湯 ────

結婚、不結婚都可以，每個人都可以選擇自己的人生。

不結婚也能過得很幸福，結婚不是幸福的唯一可能。

04 ————

有老公養好羨慕？
當家庭主婦比較輕鬆？

有些人對結婚的期待，就是找一個經濟條件好的對象，
這樣自己不用太辛苦，只要領著還過得去的薪水就可以了，
甚至之後還能專心帶小孩，不用擔心經濟，
聽起來好像很不錯喔？

#結婚不是長期飯票，
　不要失去自己的選擇權

我還是建議，無論老公賺多少，女人都不要輕易放棄工作，
自己有工作是為了經濟獨立，有自己的收入與存款，
並且不會和社會脫節。

在「老公負責賺錢，我負責家務」這樣的關係背後，

妳會有什麼風險？

妳有沒有想過，如果不用辛苦賺錢，

妳辛苦的可能會是別的事情？

#羨慕別人有老公養？
　請看到後面的風險

真的不要看到別人的生活，就輕易覺得羨慕啊！

「包包都不用自己花錢買」

「生活費、旅行都是老公出錢」

「不用工作，可以出去喝下午茶」

要想想人家得到這些，是因為付出了超大的風險跟代價，

也許是尊嚴、獨立跟自由？

包包、旅行、下午茶，再貴都可以算出具體的價值，

但一個人的尊嚴、獨立跟自由，根本是無價！

剛開始，妳得到算得出價值的這些東西，

女生只想聽到	卻不知道背後意思
我養妳	妳沒我會死 妳就跑不掉 那我愛怎樣都可以
女人不用太聰明	我想幹壞事時 妳才不會發現啊
女人不用賺太多錢	這樣才看得上我 也沒理由花太多錢
女人不用追求 事業高度	才不會眼光變高 格局變大 最後看不上我

可能不覺得自己付出了什麼去換，而覺得非常美好，

如果這個人從來不會傷害妳的尊嚴或干涉妳的自由，

那也許妳一輩子都會覺得很美好。

但如果不是呢？如果發生了一些無法預期的事情，

那麼妳就會發現，在「我養妳」的情況下，

妳付出去換的，都是人生更重要、更無價的東西。

例如哪些情況呢？

1、妳失去的尊嚴

如果雙方起了什麼爭執，

對方一句「妳都吃我的用我的，憑什麼有意見？」

就能堵妳的嘴。

如果對方有一天出軌了，妳也只能氣到內傷，

但是根本離不開他，因為長期沒有收入，妳根本沒地方去！

2、妳失去的獨立

如果沒有收入、也已跟社會脫節，

妳再也無法獨立生活，只能永遠依附著對方，

只求他千萬不能有一天想拋棄妳！

於是妳便很難不過度迎合、取悅對方。

3、妳失去的自由

妳想買什麼、想做什麼，

都要看人臉色、需要對方的同意，

可能還會被問「買這個做什麼？」，

妳可能再也無法獨自決定很多事情。

也許你們現在感情美滿、婚姻順利、身體健康，

怎麼想都不覺得會有這些事，

但是我們無法保證對方永遠都不會變，

或不會遭遇任何意外風險，妳都得先想，

如果有一天「他不再是現在的他」，妳的生活會變成怎樣？

所以，一定要有經濟自主權，這樣發生什麼事的時候，

妳才不會只能隱忍，而「有能力」離開他，

如果是他遭遇意外，妳也「有能力」支持他、扶持他，

不會一下子就「無法承受變故」，

這樣的生活不是比較安穩嗎？

說也奇怪，女生如果擁有隨時可以離婚的條件，
婚姻反而比較幸福且穩固，
因為兩個人的關係比較「平衡且對等」，
沒有一方在委屈，也沒有一方在強勢。

就算真的遇到問題而離婚，
她們離婚後的生活也不會過得太差，
因為她們只是失去婚姻，而沒有失去經濟，
隨時都能重建自己的生活。

#家庭主婦有分失敗的，跟成功的

妳以為當家庭主婦很容易嗎？在家閒閒沒事幹？才不是呢！
一個成功的家庭主婦，能把所有家務打點妥當，
管理廚房、居家收納、各種清掃都難不倒她，
就算某些家務是花錢外包出去，
但是要管理好這些內務，本來就不容易。

如果有孩子，

還要把孩子的教育、起居、健康、生活習慣都打理好，

能成功做好這麼多事情的女人，

通常智商、情商都很高，堅強、有毅力又有學習力，

如果今天是在職場上，她們也一定是表現不俗的人！

成功的職場女性＆成功的家庭主婦

無論在哪裡發揮，只要能做得成功而非亂糟糟，

那她們同樣都是厲害有腦的女人，

只是選擇的戰場不同罷了。

如果是因為職場不順，所以才想當家庭主婦的女生，

其實是沒辦法變成「成功的家庭主婦」的。

因為妳在職場發生的問題，也會發生在妳的家庭裡，

像是做事順序不對、不擅溝通、粗心大意、邏輯不好，

只是發生的地點不一樣，所以造成的問題不一樣罷了，

當好家庭主婦，管理好一個家庭，可沒那麼簡單！

#當家庭主婦的條件

而且我認為要當家庭主婦，一定要有幾個成就條件：

1、要有自己的錢

妳的錢可以是之前工作的存款，或者是持續性的被動收入，
也可以是在家兼差，或是娘家那邊的繼承或贊助。

如果妳是那種辭掉正職就不會有進帳，
也沒什麼存款的女生，
那千萬不要當家庭主婦！以免毫無退路！

2、持續提升自己

在職場上，我們都知道一定要不斷提升自己，
以免被社會淘汰，
其實當家庭主婦也一樣啊！

尤其離開職場，更容易失去競爭力，
那麼更要多接觸新知，也要持續打理好自己，
不要因為自己是家庭主婦就鬆懈、就懶散。

如果妳覺得又要充實新知、打理好自己，

又要負責家務、育兒，這樣不是比上班更辛苦？

是啊！家庭主婦本來就比上班辛苦！妳現在終於知道啦。

所以妳千萬不要是以為能變輕鬆，而當家庭主婦啊！

3、要有自己的朋友圈

朋友是讓自己不跟社會脫節的重要關鍵，

除了老同學和以前職場上的老闆、主管、同事們，

還要和原本自己的各界朋友保持交流。

不要覺得自己的生活跟他們不再有交集，就把朋友都丟了，

那妳當然很容易跟社會脫節。

接著透過育兒，再持續結交新的朋友！

例如：帶孩子去公園玩而認識的其他孩子家長、

孩子上學後的同學家長，都可能是妳新的朋友，

不要讓自己變成一個沒有朋友的人。

當家庭主婦沒有不好，但是一定要懂得後面的風險，

不然妳就得祈禱一輩子都一帆風順，

老公絕對不會變心，也不會失業、不會生病、不會出意外，

不然一下子全家就頓失依靠！

但如果兩個人都有一定的經濟能力，就能分散風險，

遇到問題時，整個家才不會受到太大影響，

這才是比較成熟的考量。

這樣才是真正的，懂得為自己、為整個家庭想。

🌶 戀愛辣雞湯 ————

擁有別人養妳的輕鬆，妳就會有別的地方不輕鬆。

想當家庭主婦其實不簡單，首先就是自己要有錢！

05

萬年無解的婆媳問題，
不要同住先解決一半！

結婚不再只是你們兩個人的事，而是兩家人的事，

關於婚姻生活的抱怨，有個萬年無解的就是：婆媳問題。

然後大部分的婆媳問題，其實都來自「住在一起」！

只要不住在一起，先解決大半啊！

那麼為什麼非得搬進去住婆家不可呢？

很多人會說，因為老公也希望這樣啊！

我們先不討論老公怎麼說，

我們先討論，為什麼很多女生竟然不排斥搬進婆家？

#從自己的原生家庭，
搬去老公的原生家庭

很多女生可能都是這樣？婚前都住自己家裡、吃家裡，
婚後就搬去老公家，也就是住進婆家，
但其實這樣只是「從依賴父母變成依賴婆家」，
妳從來沒有真正地獨立過。

#婚後你們對家的定義是什麼？

對我來說，結婚應該是兩個人決定「一起成立新的家庭」，
而不是結婚後「搬進對方的原生家庭」，
那是他父母家，而不是「你們兩個自己的家」呀！

在原生家庭下，能做最大主張的，
永遠都不會是你們兩個啊！
妳怎麼能期待，在別人的家庭裡，
能自由自在過自己的日子呢？

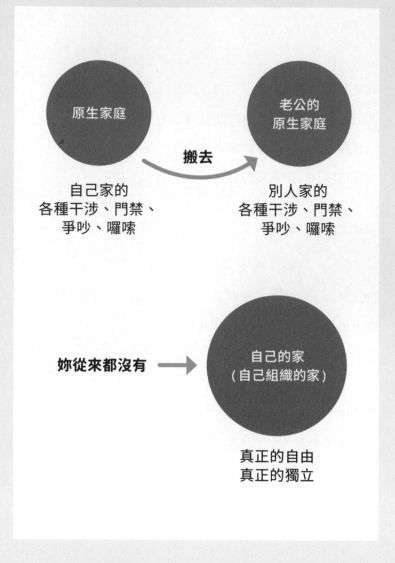

原生家庭

老公的
原生家庭

搬去

自己家的
各種干涉、門禁、
爭吵、囉嗦

別人家的
各種干涉、門禁、
爭吵、囉嗦

妳從來都沒有 →

自己的家
（自己組織的家）

真正的自由
真正的獨立

有人問，如果老公這樣說？

「暫時先住我家，我們先存錢，之後再自己買房搬出來」，

聽起來很合理，但也就是這樣，後面經常變成：

「後來老公又說，住家裡也蠻不錯的，

　好像也不用一定要搬出去，順便省錢！」

糟糕，那個「暫時」，怎麼成了永遠？

「房價太貴，我們一直存不到足夠的錢，

　感覺搬出去遙遙無期，我說不然改租房？

　老公又說很浪費，一直繳房租，

　房子永遠也不會是自己的！」

存不到錢、也不願意租房，選項只剩永遠住婆家？

不然就是：

「我們存到頭期了，但他說現在住在家裡也好好的，

　這筆錢可以拿去換新車或之後養小孩，好像不用拿去買房，

　不然之後扛房貸會變苦哈哈的，就要省吃儉用了。」

是不是也很有道理？有沒有發現，住進婆家容易，搬走難啊！

#為何老公通常不想搬出去？

因為住婆家，不用多一筆開銷，

也不用重新適應沒有老媽的生活，

不用自己洗衣服、煮飯、帶小孩，

更不用負擔裝潢、家具、其他水電網路開銷，

這種又省錢、又能同時擁有老媽跟老婆伺候的生活，

誰會想搬出去背房貸呢？

會想脫離原生家庭的男生，其實早在自己出社會、有賺錢，

能負擔自己房租時，就會搬出去了！

因為他也想要獨立、自由、不受干涉、沒有門禁的生活。

而一直沒有搬離原生家庭的男生，

可能是家裡很自由，他沒困擾過。

也可能是比起房租 & 各種住外面的開銷，

他評估後覺得住家裡比較省，

就算哪裡不自由就稍微忍一忍，

如果他是這個邏輯，婚後當然也會是這個邏輯！

這是他從小的原生家庭，他早就適應了，

新婚後暫住的不適應跟委屈，通常都只有妳在忍，

所以急著搬走的是妳，不疾不徐的是他。

我建議女生，真的不要輕易考慮搬進婆家，

婆媳問題會萬年無解，也絕對不會在妳手上解。

如果兩人經濟上無法負擔買房，婚後也未必一定要買，

寧可一起負擔房租，也不要寄人籬下、看人臉色，

而且住進去之後，如果是因為相處不愉快才又要搬出去，

其實會弄得更不愉快。

一開始就堅持不要住進去，還比較容易！

如果老公堅持不租房，希望妳暫時搬去他家住一年，

之後存夠錢再搬出去呢？

那我會寧可等存夠錢、晚一年再結婚，真的不用急。

還有人問，那如果是搬進

「公婆買給老公的房子，他們沒有一起住」，這樣可以嗎？

如果是公婆出錢，最常見到的狀況就是，

地點他們決定、裝潢他們決定、家具他們決定，

輪不到妳說話，

因為那是他們認為「自己買的房子」，

或「我們買給兒子的房子」。

甚至他們想要留一份鑰匙，然後三不五時就跑來坐坐，

妳也只能摸摸鼻子，畢竟想要免費的房子住，

就要付出代價呀！

我就曾有個朋友，

公婆買了一戶跟自己同棟大樓的房子給他們，

結果她下班之後打開門，公婆已經坐在自家客廳看電視！

然後就一起煮飯、一起晚餐，

覺得一起吃比較方便，不用各自煮。

偶爾一次就算了，就當作家庭聚餐，

但是一週裡有好幾天都是這樣子，最後幾乎變成每日常態！

她說，自己的廚房不是自己的、自己的客廳也不是自己的，

連冰箱都會被打開碎碎念,「完全沒有這是自己家的感覺!」

但老公卻覺得:「有什麼關係?大家都一家人。」

幾年下來,長期處於這種不滿、不開心的狀態,

後來跟老公也有其他問題,她就順勢提離婚了!

要維持一場婚姻真的已經很難,

不要再讓住婆家的各種負面影響,傷害你們的婚姻啦。

#無論如何,
　真的不要住他家!

我們整理一下,「不要住他家」的「他家」,

有哪些程度與形式:

1、他父母的家(原生家庭)

2、他父母名下,借你們住的家(房子借你們住)

3、他父母買給他的家(妳只是因為結婚所以住進去)

4、他父母買給你們,但是只登記他名字的家

　　(說是買給你們,但只登記給一人)

1 是真的不行，2、3、4 就是妳想清楚，會引發哪些問題？
而妳是否可以接受？未來可能的風險是什麼？

如果妳的收入足夠，要嘛自己買房，要嘛跟老公一起買房，
登記雙方的名字，就不必去承受各種可能的風險。

說到底，還是一句老話：經濟獨立。

我們自己個人的經濟獨立當然是必要的，
但這裡的經濟獨立，指的是「你們小倆口的經濟獨立」。

你們這個小家庭自己經濟獨立，才有資格不被長輩干涉，
如果你們都拿人家的、吃人家的、花人家的，
那人家不尊重你們想要有自己的生活，也是正常的。

所以不是只有妳自己要經濟獨立，妳也要看看自己的對象，
他在自己的原生家庭裡，是否經濟獨立？
如果他沒有，也不習慣有，你們的婚姻生活肯定會受影響。

＃女生應該提醒自己的事

請告訴自己，妳是個經濟獨立的大人，

不是換個家庭，繼續去依賴別人的孩子，

如果妳一定要住進對方家，或者沒有登記自己名字的房子，

那妳最好有這些條件的任一個：

1、自己娘家很可靠，妳只要負責顧好愛情，麵包從不是困擾。

2、妳自己名下也有房，妳隨時都可以過去住，

　　不管發生什麼事都有退路。

3、妳有足夠的存款，隨時都能夠自己住個幾天飯店，

　　也能負擔自己的房租，

　　萬一哪天發生什麼事，需要暫時離開或真的搬走，

　　妳不會因此感到負擔。

不要自己同意搬進去婆家，然後又抱怨一堆住婆家的問題，

無論怎樣妳都是最後加入那個家庭的人，

要配合人家家裡的規矩很正常，

這妳不是一開始就該知道了嗎？

#面對婆媳問題，
  妳可以掌握的幾個原則

1、不要同住

這永遠是最高原則！

結婚之前，妳就要確認你們有能力負擔自己的住處，

暫時沒辦法買房的話，租房也可以，

不用一心想著買房，慢慢來。

有的男生會說，父母老了需要照顧，所以才不想搬出去，

但如果女生也需要照顧年邁父母，

女生是否也可以要求一起同住娘家呢？

無論誰去住「對方的原生家庭」，

都一樣可能會有適應不良、相處失和的問題，

何必增加對婚姻的考驗呢？

要照顧父母，可以規劃住在附近、隔壁，

也可以住同棟不同戶，

但是絕對不可以是前面提到的那種，

長輩可以隨意進到你們家的形式。

2、誰的家人誰搞定

很多婆媳問題，都是來自於中間角色出了問題，

誰的家人問題，就該由誰去搞定，

誰都不要跳過對方，自己去正面對決。

他如果都消失不管、逃避不想面對，

或者老是要妳忍一忍就好，

那妳就該知道，面對原生家庭的問題，他是不會去處理的。

而沒能獲得他支持的妳，

也是很難去處理、溝通什麼事情的。

3、注意溝通技巧

如果妳不喜歡對方家長做的某些事，

像是婆婆很喜歡插手你們夫妻的大小事，

妳可以說：「媽，不用這樣為我們操心啦，這樣太累了，

妳不要煩這些小事，要多注意身體。」

然後轉移話題:「對了,上次那個誰說什麼什麼東西,

對老人家身體很好……」

不用傻傻地當場臉就臭了、口氣就兇了,不吵架也難。

妳也可以聽完公婆的建議、指教,

嘴巴笑著說「好啊好啊、知道了、好喔好喔」,

實際上左耳進右耳出,

妳還是維持自己小倆口原本的做法,不受干涉。

保持談話時的禮貌是基本的,

但實際上妳決定要不要聽話,是另一回事嘛!

切記不要正面衝突,用溝通的技巧,維持一定的融洽。

4、不要自助餐

凡事都有一體兩面,不要只想拿好的,都不要承擔壞的!

有些人是靠公婆的支持才能買房,

但是公婆多問一句,又覺得對方多管閒事。

有些人需要公婆幫忙帶孩子,

但是又要責怪公婆帶孩子的方式,

你要別人的資源,又不要別人干涉,天底下哪有這種好事?

5、婚後生活不是老公一個人的責任

無論買房租房，都是兩個人的責任，要共同努力奮鬥，

不要不想跟公婆住在一起，又要老公一個人搞定房子！

現在生活成本很高、房價也很高，

共同分攤才是幫自己最大的忙啊。

這些不想同住、要不要買房或租房的事情，

婚前就要一起討論，做出各種取捨與規劃，

這些都不是老公一個人的責任！

不要「婚前配合到底，婚後才要做自己」，

而是「婚前就要做自己，走得下去才繼續」！

🌶 戀愛辣雞湯 ────

結婚應該組織你們新的家，而不是寄生在婆家。

維持婚姻已經很難，住進婆家還要維持，更難！

06

全天下男人都會犯的錯？
劈腿偷吃該原諒嗎？

女生從戀愛到婚姻，可能永遠都會擔心對方不忠的問題，

有時候甚至明知對方已經出軌了，卻狠不下心分開，

但是又無法裝作不知道，進退兩難的情況下，過得好痛苦。

我們真的有可能找到一個不會出軌的對象嗎？

#不出軌的男生，
##　是因為他足夠自律

其實男女都有可能會出軌，這並不是男生的問題，

而是自律的問題。

人類跟動物之間的差別，

是因為我們能違背天性、自我控制，

用社會規範和道德來約束自己的行為，

出軌的人其實是順應天性，缺乏自律，

不去抵抗原始的生物本能罷了。

用天性的角度，可推出一個邏輯：

會偷吃的人，是順應天性、放飛自我，

不會偷吃的人，是違背天性、自我管理。

違背天性的人，是因為道德、是因為各種考量，

他認為這件事情是不對的，所以「選擇不去做」。

大家平常都踩在道德的觀點上，

而認為專情是應該的，偷吃是錯誤的，

我建議大家可以反過來想，站在天性的觀點去看：

如果偷吃是比較有可能的，而沒去偷吃才是很難的呢？

為什麼要這樣反過來想？

既然偷吃是比較可能的，

那我們就知道選擇不去做的人是非常珍貴的，

他懂得運用人類才有的道德和自律，去克服各種誘惑。

人類之所以是人類，

不就是因為我們有思想，我們有文明嗎？

如果我們想做什麼就做什麼，隨心所欲，

那就跟動物沒什麼兩樣了。

大家不妨想想妳的男友或老公，他有沒有偷吃的條件？

有些人不去偷吃，是因為他沒有這個條件（例如有錢、有閒），

一旦他具備這個條件的時候，他是不是也可能會去做？

如果妳的伴侶有條件這麼做，但他卻沒有去做，

請好好珍惜他，然後好好經營你們的感情，

這才是最好的城牆堡壘。

當大家懂這個邏輯之後，

就知道要怎麼降低伴侶偷吃的機率了，

就是妳要去找「道德感重、自律性強」的人，

他相對比較不會做這件事。

人都是會權衡的，他可能不是沒想過、也不是沒機會，
他只是因為自律，最後選擇了不這樣做。

#發現對方出軌，
　　該怎麼應對？

如果這樣的事情還是發生了，我們可以怎麼辦呢？

1、不要找小三對決
很多人都會想要直接跑去找小三對決，
以為只要處理掉小三，老公就會回心轉意了？

拜託！問題一定是在自己老公好嗎？就算是別人先主動的，
但肯定也是老公自己選擇接受了，畢竟一個巴掌拍不響啊。

如果是老公主動的，那就更不用說了，
妳勸退了這次的小三，下次又換人了怎麼辦？
只要老公這個人沒打算改變，永遠後患無窮。

而且，找小三吵架，對方就一定會退出嗎？

她搞不好還嘲笑妳搞不定自己老公，

是妳老公整天一直跑來找我的，

妳跑來勸我？怎麼不先去勸勸自己老公？

哎呀，不要給小三羞辱妳的機會啦。

發生這種事，一定要先冷靜想想「自己要什麼？」

想要維持婚姻還是決心離開？後續的處理方式會完全不同。

2、讓他知道妳的底線跟選擇權

有些男人之所以成為出軌慣犯，是因為看準另一半的軟弱，

他知道妳一定不敢攤牌，知道妳沒有他不行，

知道妳根本就沒有底線，所以不需要尊重妳。

這也是我們前面一直強調，女人要經濟獨立的原因之一，

只要妳靠他養、沒他會死，妳當然就不會有選擇權，

也只好沒有底線。

妳得讓對方知道，妳是有條件離開的、妳是有選擇權的，

如果對方還是選擇做出對不起妳的事情，

那麼妳也真的可以考慮是否要離開他。

就算妳不想離開而選擇原諒，

那麼也是自己心甘情願的、自己做出選擇的，

至少不會明明受不了、不甘心也不甘願，

卻只能大吵大鬧，但根本離不開。

3、要嘛忍要嘛滾，不要沒辦法忍但又不滾

很多人會卡在這點：到底要不要原諒對方？

這件事沒有標準答案，是自己應該先問自己：

「妳有辦法原諒嗎？妳有辦法忘記或放下這件事，

　繼續和他相處嗎？」

如果妳根本忘不了，看到他就很痛苦，

看到他已無法再愛下去，

那麼妳其實「根本無法做到原諒」，

先正視自己的感受，比什麼都重要，

無法原諒就不需要逼自己原諒。

如果妳是真的想要繼續下去，妳願意原諒、也能夠做到原諒，

可以給彼此一個機會，攜手一起修復這個傷口，

前提是「對方也是這樣想的」才行，

可不能只有妳一廂情願喔。

也千萬不要表面上原諒，

卻又三不五時翻舊帳、

動不動就拿出來跟他情緒勒索，

他無法否認發生過的事實，只能一直被壓著打，

最後可能會被氣到丟一句：「那妳怎麼不跟我離婚？」

哎，既然選擇原諒就不能這樣，

否則往後的人生下半場都不會開心，

守著徒有形式的婚姻，卻沒有人是快樂的，

這樣的話，還不如早點放過彼此，迎接新的美好。

#永遠記得先愛自己

當妳的男人犯了這個錯，還是要記得：

先愛自己、先考量妳自己。

也許妳非常震驚，也許妳非常難受，也許妳立即想發飆，

但在想清楚自己要什麼以前，先不要打草驚蛇，

花點時間冷靜下來，妳的人生想要怎麼過、自己想要什麼？

這個人，妳還要不要？這婚姻，妳還要不要？

做出這些決定，對自己人生的影響會是什麼？好或壞？

妳需要先蒐集證據？妳需要去找信得過的閨密討論？

還是妳很難自己下決定，需要先看到他的態度？

先整理過自己的心情、思緒、想要的一切，

有計畫性地去規劃，接下來該怎麼做？

要不要攤牌？應該何時攤牌？該掌握哪些事情之後再攤牌？

甚至會不會該先去問過律師？

妳的「前置作業」真的會有很多很多，

這才會真正影響妳的人生！

別把心思放在外面的女人身上了，

她可沒有「妳自己的人生」來得重要！

把重點回歸到自己身上：這事已經發生了，我打算怎麼辦？
這一切才是妳值得花心思的事情。

🌶 戀愛辣雞湯 ─────

誰都有可能出軌，不那樣做的人是出於自律！

無法原諒就不需逼自己原諒，但要慎重規劃下一步！

07 ———

出軌很難發現？
妳沒發現的可能不只這個！

一個人開始出軌，是不可能沒有任何改變的，
那些細微的改變，就看妳有多了解對方。

如果妳不夠了解他，也許就不會發現那些細微，
也表示你們的關係，很可能本來就不夠緊密。

妳有可能自覺兩個人的關係很好，
所以根本沒發現愛已消失，
等到察覺有異，已經是天崩地裂。

#妳是否重視彼此的關係？

曾有個粉絲告訴我，結婚生小孩之後，

她想說，婚後不就是「一起愛小孩」嗎？

一直以為自己的婚姻生活非常美滿。

直到發現老公出軌，她大受打擊以外，

也才想到，「難道只有自己單方面覺得很美滿？」

她的先生多年來，都一直在尋求外面的安慰，

她真的不理解是為什麼，

婚姻生活這麼好、這麼穩定，對方到底為何要出軌？

我問她，先不要管孩子了，

妳先想想「自己跟先生」兩個人之間，還有火花嗎？

還有獨處時間嗎？還有很多互動嗎？常常表達愛嗎？

總之就是我常說的：「你們關係緊密嗎？」

她這才驚覺，要是拉掉孩子的部分⋯⋯

「兩個人早就沒有話題與互動」

「兩個人都只有當爸爸、媽媽」

「幾乎都陪孩子睡覺，兩人很久沒有性生活」

「週末假日都是孩子的行程，兩人早就沒有獨處時間」

她說，她明白為什麼了，但卻也想問：
「婚後的女人專心愛孩子，錯了嗎？」

#試著兼顧各種人生角色

我曾在YouTube影片上說：女生婚後千萬不要只當媽媽，
而是必須試著兼顧各種人生角色。

當時有女生觀眾這樣留言：
「因為男生不好好當爸爸，我們只好專注當媽媽啊！」

但是，這種「只當媽媽」的做法，
而且還覺得「理所當然」的心態，
對你們的婚姻與關係，並沒有什麼好處，
這不是幾乎可以預料到，兩人總有一天會漸行漸遠嗎？

我們永遠都要記得，「媽媽」只是我們一生裡的其中一個角色，
絕對不是人生的全部，

我們不該每次都在「單一角色上過度用力」。

例如：
戀愛時重心只有對方，一心想著結婚，都沒好好在談戀愛，
結婚後重心又急著放在生小孩，想趕快當媽媽，
生完小孩，只專注於當媽媽，又忘了當女人。

於是人生的每一個階段，都很容易失去平衡。

冰凍三尺非一日之寒，沒有哪一方是「突然變了」，
很可能是彼此的需求已經不再同步，
而他的改變妳卻從沒有察覺。

#永遠檢視：
你們合拍嗎？彼此的需求對得上嗎？

兩人的關係永遠都要勤於經營，讓彼此的生活充滿樂趣，
努力改善兩個人不合拍的地方，
也不要「自己一個人專注於某件事」，
而忽略了「彼此要同步」。

很多時候，出軌只是一段關係「出了問題之後產生的結果」，

而不是問題本身，

也就是說，拉掉出軌這件事的發生，

其實兩個人之間可能早就充滿問題，

而所謂「彼此之間的問題」，都是早就經過長期的累積。

想避免關係生變，不能只用自己的視角，

而必須經常檢視，「兩個人是否都真正地感到快樂與滿足」，

而不能是自己單方面「覺得現況很好，沒問題」。

以我自己為例，我提出離婚時，對方以為我在開玩笑，

以為我只是吵架說氣話，

還覺得：「我們明明好好的，講什麼離婚？」

明明好好的？

好幾年來的婚姻，明明已經長期沒話聊、沒有共同興趣，

常常爭執，吵完架也沒結論，老問題不斷鬼打牆，

對方的情緒管理又有很大的問題，經常出現失控的行為，

無論身心靈，根本沒有一塊是合拍的！

怎麼對方還覺得「好好的？」

從浮現離婚的念頭，到真正堅決地提出離婚，

足足花了我4年的時間糾結。

那幾年裡，我從想要溝通、想要努力、想要協助、想要包容，

變成只好退讓、不斷委屈，再逐漸變成無法容忍，

直到最後實在是感到厭惡、忍無可忍，才真正提出要離婚。

但這整個煎熬的過程，對方居然完全沒察覺，

還表示很錯愕震驚，

這代表他從來就沒有好好檢視過我們的關係，

從來就沒有關心過我快不快樂，

而以為這樣的婚姻生活很理所當然。

這樣長期忽略對方感受的對象，怎麼可能會是好的伴侶呢？

所以，我們自己當然也不要成為這樣的人，

永遠都要重視「兩個人的關係」，

而不能只在乎「自己一個人的感覺」。

#感情生變有各種可能，
重點是變了之後妳想怎麼做

我們前面講的是「一段關係裡出了問題」的察覺，
但如果彼此之間真的沒有問題，但他還是出軌了？

是的，這仍然是有可能的。

對方會出軌，也可能跟「你們之間的關係」毫無關係，
不過就是「他自己選擇要這樣」、「他就是想要這樣」，
甚至很多人就只是「沒想那麼多，一時衝動」、
「想說不會被知道」。

所以有時候也不必太自責了，
妳再好，都未必可以防止這件事，
因為我們從來都只能控制自己，無法控制對方。

我們經濟獨立、情商穩定，
學會怎麼去愛一個人、怎麼愛自己，
都是為了自己，而不是為了「這樣對方就會愛我一輩子」。

妳該想的是，當妳把自己過得這麼美好，即便發生這種事，
妳的世界也不會就被毀滅，而是該慶幸，自己仍有選擇權！

戀愛辣雞湯 ─────

別因為老公出軌，就搞得妳的人生全毀！

我們要同時進行很多身分，不是只把一個身分進行到底。

真的該離婚嗎？
下定決心前需要哪些評估？

「離婚」，是個不容易的決定，畢竟兩個人從交往到結婚，

在一起可能很長的時間，兩方的家庭有非常多的互動，

兩人可能已經有共同的孩子，想分開真的不是那麼容易。

妳可能會因為外界的眼光，懷疑想離婚的自己，

是不是太自私了？

妳可能會勸勸自己，是不是再多忍耐一陣子，

一切就會變好了？

妳會有許多必須自己去面對的掙扎，

別人是沒辦法替妳做決定的。

跑去問別人，通常只會得到「勸和不勸離」，

因為外人大都只會為你們感到可惜，

而覺得妳應該再努力看看，

他們可能不會知道、也難以了解，

妳在婚姻裡承受的一切、妳可能已經努力到極限了。

就算妳把滿腹委屈、滿腔無奈全都說出來，

因為畢竟不是他們在面對，其實也很難了解妳的苦，

幾乎還是只能跟妳說：「妳要不要再多想想？」

跟朋友訴苦、取暖、做各種討論跟沙盤推演當然可以，

但最終，自己的人生還是得自己做主。

#為了家庭的完整，
   所以不離婚？

離婚之前，我告訴自己：

「為了自己、為了孩子，我必須離開這個人！」

提出離婚後，對方不同意、死都不願意簽字，

那種想離卻離不掉，整天面對一個愛不下去的人，

還得同床共枕，每天相處，

彷彿被關在人間地獄裡的煎熬，

現在回想起來都還是覺得非常可怕。

可是，為什麼很多人明知自己在婚姻裡不快樂，

卻無法下定決心離開對方呢？

其中最多的原因，都是來自於孩子。

很多人覺得想給孩子一個「完整的家」，

離婚怕「對不起孩子」，

但是長期在孩子面前上演的父母失和，

對孩子才是最大的傷害啊！

別以為只要父母做做樣子，

給孩子一個形式上完整的家就夠了，

父母不相愛、不快樂，孩子怎麼可能沒有感覺？

看著經常吵架甚至大打出手的父母，他怎麼可能覺得幸福？

他們只會誤以為，

婚姻就是兩個不相愛的大人被這個名義綁在一起，

然後對婚姻從此沒有信心，

因為他們看不到什麼叫「婚姻幸福」。

#你要的是哪一種完整？
　形式還是感受？

有好多粉絲都反應過，

從小看著不相愛的父母，覺得超痛苦，

真的巴不得「他們趕快離婚！不要再吵了！」

長大後聽到「還不都是為了你才沒離婚」這種話，

就更生氣了！

覺得明明是大人的問題，為何要推給自己？

也因為從小生活在不愉悅卻未分開的父母關係下，

以致對婚姻、對家庭都產生很大的不信任感，

除了對一段兩性關係很沒有安全感，

有人過度害怕，甚至恐男、恐婚，

其實這些都是從小就深深地受到負面影響。

也有人說，從小看著被父親家暴的母親，死都不願意離婚，

後來自己長大了，但母親卻緊緊抓著自己不放，

阻止他離開家裡，更阻攔他海外求學、求職之路。

母親說：

「我是為了你才沒離開你爸，你怎麼可以拋下我？」

讓他覺得被情緒勒索，卻又百口莫辯，不知道該怎麼辦。

這些我們以為「擁有完整家庭的孩子」，真的更快樂嗎？

有多少傷害，都潛藏在這些所謂的完整之下，

卻長期被忽視？

請想清楚，自己真的是為了小孩不離婚嗎？

還是因為自己不想面對呢？

硬是要維持所謂的「完整家庭」、說著「為了不傷害小孩」，

但家裡每個人卻可能是冷漠、疏離，或者充滿恐懼與猜疑，

這樣的家，到底哪裡完整了？到底哪裡沒傷害小孩了？

完整的家從來不是一種形式，

而是一種被愛的感覺、溫暖而安心的感覺，

如果缺少了這些感覺，每一個人的心都很破碎，

這樣真的還是「完整的家」嗎？

我認為父母雙方，都先讓自己能夠快樂，

小孩才有機會快樂。

#如果想離婚，
該具備哪些條件？

結婚不是兒戲，離婚當然也不是，

同樣都是人生很重要的決定，

會影響妳的一生、影響孩子、影響妳身邊的很多很多人，

我希望妳做任何人生重要的決定，都要深思熟慮。

如果真的想離婚，建議這些都要先想過：

1、經濟部分

離婚的話，妳的經濟、事業會不會受影響？

受到影響後，妳能否扛得住？還能維持經濟獨立嗎？

如果離婚需要律師，妳能負擔律師費、訴訟費嗎？

2、財產部分

如果你們是財產共有，照理說「婚後財產一人一半」，

但是對方可以堅決不離婚，就不用分財產，

此時妳能怎麼做？

以及，有沒有很多財產是「婚前財產」呢？

別誤以為婚前財產也能分一半喔。

這些妳都需要先諮詢律師，才能一步步地規劃。

3、心境部分

自己的心境，真的想清楚了嗎？

妳當然也可以等諮詢完一切，再做決定。

不過即便妳自己做好心情上的分手準備，

對方也未必就準備好了。

如果遇到提出離婚，情緒就失控的另一半，

或者報復型人格，

事情可能會完全超乎妳的預期，這點建議不要太過樂觀。

我也曾以為「離婚可以理性和平分手」，

但卻低估了對方的激烈反應，

才真正明白了「離婚是兩個人的事」，

不是我想理性分手就可以，

對方沒辦法理性的時候，妳有能力保護自己嗎？

建議考量一下。

4、小孩、家人部分

如果有未成年的小孩、同住家人等等，妳打算怎麼安置？

小孩是共同監護、還是單方監護？主要照顧者應該是誰？

監護權跟撫養權是兩件事，這些都先去搞清楚，

才能做出對孩子最好的安排。

看過身邊太多案例與很多粉絲的分享，

真的建議孩子這塊更要多想想！

因為，很多人想要搶小孩，

可是自己根本不具備「給予小孩安穩環境」的條件，

自己的經濟都搞不定了，卻一心想要搶孩子，

認為「孩子平常都是我在顧啊！」，

但那可能是因為對方負責賺錢，才有這樣的分工啊。

真的到法院上去判，

法官通常會判給「有經濟能力照顧孩子的人」，

如果妳是「目前沒有收入的全職媽媽」，

除非對方自己願意，

才會有「男方付贍養費，由女方照顧孩子」的情況。

如果對方堅持他要照顧孩子，

並主攻「妳沒有收入」、「經濟都來自於他」，

而妳如果恢復工作，就很難自己照顧孩子，

萬一又沒有後援，光是孩子這部分就很有得吵了。

建議多做點功課，

不要誤以為一定可以維持「離婚前的分工」。

離婚是一條漫長的路啊！比結婚這個課題難太多了！

以上這麼多面向的各種事情，

自己有沒有辦法去面對？去承受？去解決？

因為這些事情，旁人、親友雖能給妳意見，

但卻沒有辦法替妳承擔。

如果以上這些妳還沒想清楚，那麼請不要輕易選擇離婚！

看到這裡，有沒有發現我們前面章節講的那些：

經濟獨立、女人自己要有錢、不要靠他養等等，

真的都是非常重要的事情？

在這種關鍵時刻，

才能讓妳有機會得到想要的、有底氣跟人家爭啊。

如果「不具備選擇權但又想離婚」，

例如沒有經濟能力全都依賴對方，

那麼妳更該從長計議，先做到個人的經濟獨立，

再來考慮是否要離婚，

才不會讓自己的人生陷入更糟的局面！

我認為，結婚與離婚，靠的從來都不是衝動，而是慎重。

🌶 戀愛辣雞湯

離婚是一條漫長的路，比結婚難太多了！

如果妳已經衝動結婚，千萬別再衝動離婚！

09 ———

離婚後的妳，
該如何再次追求愛情？

離婚一定是件糟糕的事情嗎？

不一定，對妳的人生是好事還是壞事，
都看妳後來的人生怎麼走下去。

為什麼我們不去看一個人「現在的日子過得好不好」，
而要帶著成見，覺得「離婚一定就是不好」呢？

「結婚不一定就等於幸福，那麼離婚也未必就是不幸福」，
我們要的都是「真正地打從內心感到幸福」，
而不是符合社會期待就好啊。

#愛情＝婚姻？

很多人問過我：「會因為離婚，而從此不相信愛情嗎？」

其實這句話本身的出發點就有一點點問題，

這是預設愛情＝婚姻，

而上一段婚姻沒有好的結果，所以我就會不相信愛情？

但我從來都不覺得愛情是跟婚姻畫上等號的，

這可是分開的兩件事。

我就是因為相信愛情，也想要追求愛情才要離婚，

讓自己擁有重新選擇伴侶、重新找回快樂的機會啊！

#能不能再次追求愛情，
   還是看自身的條件

關於離婚後要重新再談戀愛，

有些人會覺得這樣的自己好像被扣分，

好像在戀愛市場中居於劣勢，

但其實如果妳把自己的條件經營好，

葳老闆的觀念分享

愛情	婚姻
有愛情不一定要結婚	婚姻並不直接等於愛情
單方面的愛也是愛情	婚姻裡不一定會有愛情
愛情不一定恆久遠	因為愛情而產生的 婚姻最美麗
愛情隨時有可能消失 有時候連自己都無法控制	沒有愛情的婚姻 可能只是各取所需
愛情可以很成熟 也可以很不成熟	婚姻可能剛開始有愛情 最後變成愛情的墳墓
愛情是一種情緒 一種感覺 抓不住且無法控制 是很正常的	已無愛情的婚姻 我會選擇離開 結束了沒有愛情的婚姻 我才能重新追求愛情

不管妳幾歲、有沒有離過婚、有沒有小孩，

都還是會有人追呀！（也可以去追別人）

如果妳本身各方面的條件就不好，

然後又離過婚、帶著小孩，甚至有很大的經濟負擔，

當然對妳接下來的戀愛、擇偶就可能造成阻礙，

所以呢，還是老話一句：「先提升自己，妳永遠都有得選。」

千萬也不要因為離完婚，就急著找新對象填滿自己，

先把自己的日子過好，想想接下來的自己，

想要一個怎樣的對象呢？再重新一段新的關係吧！

有位男生朋友跟我分享，我覺得很有道理：

「男生在面對心儀對象時，都先努力搬出自己的長處，

　女生在面對心儀對象時，卻都先想到自己的短處。」

想想看，是不是這個樣子？有沒有覺得很奇妙呢？

就像很多女粉絲或女性朋友都會這樣問我：

「妳帶著小孩，會不方便交男友嗎？」

「離過婚會很難再交男友嗎？」

「妳那麼忙，如果交男友，會有時間相處嗎？」

「妳這樣的女人，男人會不會不敢追？」

「離婚後，會不會怕以後都要一個人？」

她們想到的，都是擔憂跟疑慮。

那我的男粉絲跟男性朋友呢？

「嘿，妳會想再談戀愛嗎？感覺妳一定有人追。」

「真好奇妳會喜歡怎樣的男生？會有什麼條件嗎？」

「妳現在男友是誰？應該也是厲害的人吧？」

有沒有發現，男生想的完全不一樣！

女生的思維都是「出發於他人身上」，怕自己不被喜歡，

而且形式被動，

男生的思維都是「出發於自己」，自己會去喜歡怎樣的人，

然後形式主動。

男生並不會預設立場：離過婚就沒人追，

而是會直接檢視「現在的妳」各方面的條件如何，

而所謂各方面的條件，

他們想的也不像女生幾乎只把重點放在年輕貌美，
而會是各方面的綜合性條件。

我從來就沒被男生問過：「會不會害怕離婚後孤獨終老？」
會問我這種問題的，永遠都是女生。

所以其實都是女生自我綑綁、自我設限了，
離過婚又怎樣呢？妳還是有大好人生。

追求下一段愛情應有的心態

追求下一段愛情的時候，一定要有正確的心態，
如果妳一直用自卑可憐的心態去找浮木，
遇到的對象只會越來越糟，
然後還覺得「自己只配得上這樣的人」。

我建議離婚後的交往心態可以先調整：

1、不要因為離過婚就覺得自己被扣分
不相愛、不適合的兩個人，離開絕對是好事，這真的沒什麼，

若用自卑的心態去找對象，只會換來下一段悲哀。

有些人覺得自己矮人一截，而用很卑微的心態談下一段，
好像對方願意接受自己，自己應該要很感恩？

這種完全不對等的心態，是談不好一段感情的啊，
妳應該先看得起自己，再去談戀愛。

2、不要急著跳進下一段婚姻

有些人的離婚，可能不是自願的，還被外界貼上失婚的標籤，
急於想證明自己的價值，於是會急著找新對象結婚，
以為這樣就能用最快速度，回到人生勝利組了。

這還是被「結婚就等於幸福」的框架給綁住了。

走過婚姻，妳其實應該更理解什麼才叫真正的幸福，
既然有了重新選擇的機會，何必只想著「給別人看的幸福」？
應該想想自己，到底跟什麼樣的人在一起，
才會「打從內心感到幸福」。

3、孩子永遠是妳的第一優先

如果有未成年孩子，記得孩子一定要是最優先的，

要分配好談戀愛跟陪小孩的時間，也要留意小孩的感受，

不要一頭栽進新的愛情裡就忘了小孩，

畢竟小孩才是妳一輩子的家人喔！

然後也不要抱著「為孩子找新爸爸」的心態來找對象，

妳要找的應該是個「與妳真心相愛的人」啊，

否則幹嘛離婚呢？

同樣地，跟妳交往的對象也要認知到，

對妳來說，孩子永遠是第一優先。

如果這個人會整天跟妳計較或抱怨孩子的事，

像是「為什麼要花那麼多時間陪小孩」、

「為什麼妳賺的錢都要花在小孩身上」、

「為何我們之間還要卡一個小孩」，

那這個人其實不適合跟妳在一起啊！

如果他早就知道妳離婚有小孩，

　獨立，不等於跟愛情誓不兩立！

而且自己也接受了這樣的對象，

那這就是他的選擇，沒有誰欠誰啊。

你們可以去討論「如何分配彼此相處的時間」，

但對方不該直接抱怨「妳為什麼要有個小孩」，

因為這是妳無法改變的事情。

請幫自己找個「能夠理解妳狀況且足夠成熟的人」，

再在一起吧！

#如果是對方離婚有小孩呢？

有些人會問，如果立場反過來呢？

畢竟現在離婚率越來越高，

也有不少女生的男友是離過婚、有小孩的男人，

這時候又該怎麼相處呢？其實我的立場還是一樣。

1、他為什麼找新對象？

我不希望對方是為了「找新媽媽」而跟我交往，

我希望對方是因為「真心喜歡我」才跟我在一起，

也由於我只是女友，並不是孩子的母親，

於是我並不會幫他帶小孩。

關係沒走到一定程度，我也不會自己跑去跟他的小孩相處，
我認為兩個人的關係應該先穩定，
才有必要認識對方的孩子。

搞不好還沒認識對方的小孩以前，
我已經覺得彼此兩人不適合了呀！所以，別急。

2、你能體諒他有孩子與前妻嗎？

孩子一定是對方的第一優先，不要選了這樣的他，
又抱怨對方的孩子麻煩，
而且他一定會為了小孩而跟前妻有必要的聯繫，
所以妳得到的愛與時間，勢必是會被瓜分的，
建議妳先有心理準備。

妳該想的是如果妳真心喜歡對方，妳自己能怎麼調適，
而不是希望他可不可以不要理小孩、不要理前妻，
如果對方是個有了新女友，就會隨意不理孩子的男人，
他真的值得妳愛嗎？

不過那種還沒離婚、甚至還沒搬離與前妻的住所，

就急著跟妳交往的渣男，可就不值得妳體諒了啊！

真的愛妳，就應該處理完前一段關係，再好好跟妳在一起。

3、妳的人生是妳自己要負責

如果妳決定選擇一個人，但是在他身上得不到妳要的，

妳隨時可以選擇離開。

比如，妳希望找一個能跟妳專注戀愛的男友，

那就不要找一個需要分心照顧孩子，

還必須跟前妻有聯繫的男人。

如果妳很想結婚，也不要偏偏找個剛離婚，

可能對處理前一段婚姻已經心力交瘁，

不想那麼快又結婚的男人。

想要什麼，都是妳自己的責任，不是對方要幫妳負責，

找個適合自己的人，而不是勉強自己去接受別人。

#離婚後的人生？

離婚這件事，會讓人經歷很多，它一定會是個人生轉折點，
只不過，是轉好還是轉壞，
就看離婚後的我們是怎麼去過了。

我看過不少離過婚的男人、女人，
有些人變得仇視異性、仇視婚姻，
他們咒罵一切、痛恨整個世界，
快樂這件事從此好像與他們無關了，
離了婚，人生彷彿也毀了。

但有些人變得更清楚自己要什麼，
也許對人生、對愛情的想法變得有些不同，
但我看到他們變得更自由、更快樂，也更珍惜所有。

所以，何必討論「離婚這件事本身好不好」？
根本就沒有好或不好，都是看你自己離婚後怎麼過日子啊。

對我來說，離婚後再談的戀愛，

獨立，不等於跟愛情誓不兩立！

也許是沒有了要不要結婚的包袱，

也許是離婚時早已突破了社會框架，

不再追求「社會認知的幸福」，

於是能夠回歸「真真切切的愛情」。

在乎的只有我們是否真心喜歡彼此，

是否能夠帶給彼此快樂，

這樣的愛情，我覺得更舒服、更自在。

離婚後的我，過得很好、很幸福！

🌶 戀愛辣雞湯 ───────

離婚未必就是不幸，有時候是離了才有機會變得幸福。

我這輩子都非常感謝，當初那個勇敢選擇離婚的自己。

商周其他系列 BO0342

獨立，不等於跟愛情誓不兩立！
「葳老闆」周品均的30道戀愛辣雞湯

作　　　者	／周品均
責 任 編 輯	／黃鈺雯
文 字 整 理	／黃詩茹、黃鈺雯
封 面 造 型	／林靖怡
封 面 攝 影	／六年八班工作室
版　　　權	／吳亭儀、林易萱、江欣瑜、顏慧儀
行 銷 業 務	／周佑潔、林秀津、賴正祐、吳藝佳

總 編 輯	／陳美靜
總 經 理	／彭之琬
事業群總經理	／黃淑貞
發 行 人	／何飛鵬
法 律 顧 問	／台英國際商務法律事務所
出　　　版	／商周出版　臺北市南港區昆陽街16號4樓
	電話：(02)2500-7008　傳真：(02)2500-7759
	E-mail：bwp.service@cite.com.tw
發　　　行	／英屬蓋曼群島商家庭傳媒股份有限公司　城邦分公司
	臺北市南港區昆陽街16號8樓
	電話：(02)2500-0888　傳真：(02)2500-1938
	讀者服務專線：0800-020-299　24小時傳真服務：(02)2517-0999
	讀者服務信箱：service@readingclub.com.tw
	劃撥帳號：19833503
	戶名：英屬蓋曼群島商家庭傳媒股份有限公司城邦分公司
香港發行所	／城邦(香港)出版集團有限公司
	香港九龍土瓜灣土瓜灣道86號順聯工業大廈6樓A室
	電話：(852)2508-6231　傳真：(852)2578-9337
	E-mail：hkcite@biznetvigator.com
馬新發行所	／城邦(馬新)出版集團
	Cite (M) Sdn Bhd
	41, Jalan Radin Anum, Bandar Baru Sri Petaling,
	57000 Kuala Lumpur, Malaysia.
	電話：(603)9057-8822　傳真：(603)9057-6622　email：cite@cite.com.my

封 面 設 計／張巖　　內文設計暨排版／無私設計・洪偉傑　　印　刷／鴻霖印刷傳媒股份有限公司
經 銷 商／聯合發行股份有限公司　電話：(02)2917-8022　傳真：(02) 2911-0053
　　　　　　　　　　　地址：新北市 231 新店區寶橋路 235 巷 6 弄 6 號 2 樓

ISBN／978-626-318-415-2(紙本)　978-626-318-417-6(EPUB)
定價／400元(紙本)　280元(EPUB)

2022年(民111年)12月初版
2024年(民113年)5月9日初版26.5刷

國家圖書館出版品預行編目(CIP)數據

獨立,不等於跟愛情誓不兩立!:「葳老闆」周品均的
30道戀愛辣雞湯/周品均著.－初版.－臺北市:商周
出版:英屬蓋曼群島商家庭傳媒股份有限公司城邦分
公司發行,民111.12
　面；　公分.－(商周其他系列；BO0342)

ISBN 978-626-318-415-2(平裝)

1.CST: 戀愛 2.CST: 兩性關係

544.37　　　　　　　　　　111013846

城邦讀書花園
www.cite.com.tw